全国　高速バスの不思議と謎

風来堂　編
Furaido

JIPPI Compact

実業之日本社

プロローグ　高速バスって何？

「高速バス」というと、何時間もかけて街から街へと走る、「長くて安い（そしてツラい）交通手段」というイメージがある。

しかし、最近の高速バスは決してその限りではない。場合によっては新幹線より高価で、しかもほとんど個室といってもいいくらい広く、快適な空間で過ごせる西日本ジェイアールバスの「ドリームルリエ」（P・16参照）や、同じくプレミアムな両備グループの「ドリームスリーパーⅡ」（P・21参照）、ほかにもたくさんの快適かつサービスのよいバスがある。

また、鉄道よりも高速バスを使ったほうが速くて便利な区間（P・52参照）などというのも存在する。今や高速バスは、鉄道や飛行機に劣るが安い交通手段ではなく、むしろ積極的に選ぶべき交通手段なのだ。

そもそも、「高速」バスの定義とは一体なんだろうか。「高速道路を走るバス」というだけでは、せいぜい10㎞そこそこの距離しか走らない飛島村の名港線（P・169参照）といった路線も含まれてしまうが、このような路線は一般的な高速バスのイメージとは違うだろう。

実は、法律的に「これが高速バス」と定めた明確な定義は存在しない。一般路線バスも高速バスも、路線を定めて定期的に運行する点、同じ車両に無関係の複数の客が乗り合わせる点で同様であり、同じ「一般乗合旅客自動車運送事業」に分類される。高速バスも、「路線バス」であることには変わりないのだ。

ただし、国土交通省によって一応の定義が示されている。それによると、「専ら一の市町村の区域を越え、かつ、その長さが概ね50km以上」の乗合バスが「高速乗合バス」と呼ばれる。

つまり、その路線が高速道路を経由するかどうかは関係なく、だいたい50km以上の路線であれば高速バスとして扱われるのだ。しかも、それもあくまで基準であって、49kmの路線が高速バスとは言えないかというと、そんなことはない。

本書では、基本的には国土交通省の定義を踏まえつつ、「都市間輸送を目的としたバス」全般を高速バスとして取り上げる。そのほか、右に挙げた名港線のような高速道路を経由するというだけのバス、あるいはバス停やターミナルなど、高速バスに関する広範な話題を紹介している。

日本初の高速バス・名神ハイウェイバス

日本で初めての高速道路は、1963(昭和38)年に部分開通、その後1965(昭和40)年に前線開通となった名神高速道路。日本で初めての本格的な高速バスは、その名神高速道路を走った「名神ハイウェイバス」だ。

名神ハイウェイバスの運行開始は1964(昭和39)年で、名古屋~新大阪間、名古屋~神戸間のそれぞれを結び、国鉄バスと日本急行バスの共同運行。その後1965(昭和40)年には日本高速バスが加わった3社の共同で、名古屋~京都間を加えた3区間での運行となった。

当然、バス車両もそれまでは一般道を走ることしか想定されておらず、時速100㎞での長時間の走行に耐えられる車両などは存在しなかった。そのため、運行開始前にまずは高出力のエンジンや安全性の向上、座席の乗り心地など車両の開発からスタート。日野自動車やいすゞ自動車、三菱日本重工業といったメーカーが高速車両を開発し、大きな技術革新がもたらされた。

この路線の目的は、東海道新幹線の開業によって削減された鉄道路線の補完。つまり在来線の代替のためのバスという意味が強かった。運行開始当初は多くの乗客を集め、好調の滑り出しだったが、1970年代に入ると乗客は徐々に減少してゆく。運行便数の削減も続き、在来線準急列車の代替という役割は果たせたとは言い難い結果となってしまった。

現在は、ジェイアール東海バス、西日本ジェイアールバス、名鉄バス、名阪近鉄バスの4社により運行されている。近年では高速バス自体の認知度の上昇や安さを求める利用者層の拡大から、利用者数は持ち直している。

ちなみに、名神ハイウェイバスが日本初の「本格的な」高速バスだと述べたのは、一般道の路線バスが名神高速道路を経由して運行したケースがすでにあったから。それは近江鉄道の京阪三条～八日市・日野間の路線で、名神ハイウェイバスの数日前に運行を開始していたという。しかし、使用していたのは通常の路線車であったこと、一部区間のみでの運行であったことから、日本初の「本格的な」高速バスは名神ハイウェイバス、ということになるのだ。

モータリゼーションで到来する高速バスの波

名神高速道路の後、1969（昭和44）年には東名高速道路が開通。同年、国鉄バスによる東京～名古屋間の「東名ハイウェイバス」が運行を開始した。この区間もすでに東海道新幹線で結ばれていたものの、需要過多かつ高価であった新幹線に比べ、安価で弾力性のある高速バスは一定の優位性があり、安定した需要があった。こちらも当時は東海道本線の補完、急行列車の代替という位置付け。東名高速道路本線上などにこまめにバス停を設け、43往復の運行で始まった。

現在はジェイアールバス関東、ジェイアールバステック、ジェイアール東海バスの3社による共同運行で、近年は東京～名古屋間の直行便が増加傾向にある。

また、東名ハイウェイバスと同年には初の夜行バス「ドリーム号」も運行を開始。東京～京都・大阪間を結び、どの区間もおおむね22時か23時台には出発し、目的地には7時、8時台には到着というダイヤだった。

当時長距離移動のメインの手段であった夜行列車ではこのようなダイヤが実現できなかったことから、ドリーム号の運行形態の需要は高く、爆発的な人気を誇った。その後利用者が減少した時期もあったが、快適で安く便利、というサービスの向上を図り、平成に入ってからは安定した需要を獲得し続けている。

つまり、日本の高速バスの黎明期は1960年代であり、基本的には鉄道の補完、あるいは代替という意味合いで始められたものなのだ。いずれもバスならではの特徴を生かした新たな長距離交通手段として、大きな期待をもって運行が始められた。

鉄道にない強みで独自の需要を獲得

昭和50年代から60年代は、高速バスの発展の時期だ。中央自動車道、関越自動車道、東北自動車道といった主要な高速道路が次々と開通・延伸し、日本の輸送は大きく変化した。名神・東名ハイウェイバスでは新幹線が並行する区間での鉄道の代替を目指し、思うようにいかなかったが、この時期の高速バスはそれぞれ路線の特色と強みをアピールし、得意とする分野を作り出していった。

例えば、鉄道よりも短い距離、時間で同じ区間（津山〜大阪間）を結んだ「中国ハイウェイバス」。また、福岡市と熊本市の中心部を直接結び、鉄道にはできない市街中心部同士の直通便となった「ひのくに号」といったぐあいだ。

さらに、「ムーンライト号」や「ノクターン号」といった夜行便も勢力を伸ばした。東京と地方都市を結ぶ夜行便は非常に需要が高く、その後も同様の路線が次々と開設されることになる。また、国内初の3列シートも1986（昭和61）年に登場した。

このようにして、高速バスはバスならではの強みを本来の意味で生かし、独自の需要を生み出していったのだ。

その後も1988（昭和63）年から順次開通していった本州四国連絡道路や、平成に入り1997（平成9）年に東京湾アクアラインが完成するなど、各地が高速道路でつながり、輸送もどんどん高速バスへと変化していった。

また、一般路線バスでも地域社会や利用者のニーズに合わせたサービスの改善が進み、それぞれの路線の強みが細分化。公共交通機関としての重要な役割を担うようになった。

高速ツアーバスの台頭とその終焉

21世紀になると、ある程度道路網の整備はひと段落ついてきており、新たな開設や延伸はそれまでに比べるとかなり少なくなった。そんななかで規制緩和が進み、各バス事業者は大きな打撃を受けることになる。バス事業への参入障壁が低くなり、小規模な事業者のバス業界参入が激増したのだ。事業者数は規制緩和以前の2倍ほどにもなり、競争の時代に突入した。

高速バスに関していえば、「ツアーバス」という新しい形態のバスの躍進がある。これは旅行業社が旅行業法に基づいて企画する、乗合路線バスとは異なる形の事業だ。そのため運賃や運行計画の認可など、道路運送法に基づく規制がない。このツアーバスにより高速バス業界に劇的な変化が訪れたが、それも長くは続かなかった。

ツアーバスは経費削減を重視しすぎた結果、公共交通で最も重要な「安全管理」がおろそかになっていた傾向があった。そうしたなかで起きたのが、2012(平成24)年の関越自動車道での死亡事故だ。これを契機にツアーバスは実質廃止され、以前のように安全性は担保しつつ、各事業者の自由度が高くなるような調整が行われた「新高速バス制度」のもと公平な競争が行われることとなった。

こうして現在、あらゆる都市を結ぶ高速バス路線網は確立されてきた。50年以上続く高速バスの歴史は、日本の交通の歴史でもあるのだ。

【目次】

第1章　個性的すぎる⁉ オンリーワンのバス路線

第2章 高速バス旅に使えるお役立ち情報

第3章 車両の不思議と謎

第4章 これ知ってる？ 高速バストリビア

装丁／杉本欣右
本文レイアウト／株式会社コンポーズ（濱井信作）
編集／風来堂（光松瞳・平野貴大・今田壮）
本文／青柳智規・石川大輔・出雲義和・加藤桐子・
武田康弘・西村まさゆき・OleOleSaggy

協力／バスとりっぷ
https://www.bushikaku.net/bustrip/

第1章

個性的すぎる!?
オンリーワンのバス路線

ゆとりシート

席が広すぎて定員わずか14名!! 次世代高速バス「ドリームルリエ」の全貌

2017(平成29)年3月。西日本JRバスは、これまでの夜行高速バス「プレミアムドリーム」「グランドリーム」のグレードを超える車内設備を搭載した次世代ドリーム号「ドリームルリエ」の運行をスタートさせた。次世代高速バスの新旗手となるべく、様々な新しい設備やサービスが導入されている。

まず、1台の車両に「プレシャスクラス」「アドバンスクラス」の2つタイプのクラスシートを配置した。グレードが高い「プレシャスクラス」は、ドリーム号では初となる個室型シート席を採用。シートの前後は壁で仕切られ、入口のカーテン部分を除いて三方をボックスで囲まれた状態となり、ほぼ完璧な個室空間を保証している。

前後の壁のおかげで、リクライニングシートを倒しても後方の座席にはまったく影響がおよばない。リクライニング角度最大156度(これもドリーム号史上最高)のシートを、心置きなく倒すことができる。

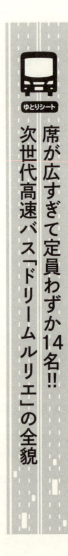

さらに、各座席に用意されている大型のフットレストは、フタを開けると中に収納スペースが。これもドリーム号では初めてのタイプだ。ショルダーバッグやセカンドバッグ程度なら、そのまますっぽり収まる容量があり、従来の座席の網ポケットには入れづらかった貴重品なども安心して収納できる。さらに、レッグレストにはヒーターが搭載され、手元のスイッチで操作可能だ。

人気の秘密は細やかな気配りにあり!?

ドリーム号では初めての個室タイプであることと、右のような設備の豪華さが話題となり、「プレシャスクラス」は運行開始以来、予約の取りにくい人気夜行バスとなっている。一方の「アドバンスクラス」は3列独立型シートで、座席空間は「プレシャスクラス」に一歩譲るものの、46・5㎝の広い座面とクレイドルシートでのリクライニング（最大角度146度）は、夜行高速バスでもトップクラス。

また、B席C席の2席が並んだ座席では、わずかに座席配置をずらし、パーティーション（壁）を座席と座席の間に設けたことで、寝返りを打っても隣の人の顔は見えず、気まずい思いをすることがないよう設計されている。

さらに、読書などに利用できるライトにはフレキシブル読書灯を採用、アームを自由な角度に調整できる仕様になった。「アドバンスクラス」には、「プレシャスクラス」よりひと回り小さい可動式フットレストが用意されている。

ここまで豪華なドリームルリエ登場の背景とは？

ドリーム号の運行開始から、2018（平成30）年で30周年。時代をリードすべく、「プレミアムドリーム号」「グランドリーム号」と、常に利用者のニーズに応えるべく、車両は進化を遂げてきた。

ドリームルリエのコンセプトは「よりプライベート空間を楽しんでもらう」こと。近年の傾向として、従来の夜行バスのイメージを覆すような「豪華バス」が流行しており、利用者も「快適さ」をより重視するようになってきている。

そんな潮流に押されてか、運行開始からわずか1年後の2018（平成30）年4月27日、ドリームルリエに新車両が導入された。

人気の個室型「プレシャスクラス」は、旧車両（まだ運用が始まってから間もないので「旧」と呼ぶには抵抗があるが）で4席だったものが6席に増やされ、逆に、アドバンスクラスの14席は10席と少なくなった。つまり、定員18名だったのが新車両では14名になり、必然、座席のシートピッチが長くなって、1席当たりの空間はさらに広くなった。

細かいところまで挙げると、改良点はシートピッチだけにとどまらない。各座席の上に荷物棚を設置し、アドバンスクラスのA席とB席の間にカーテンを新たに設け、パーティーションは薄くなり材質は木製から金属製に変更。これによって、走行中のきしみ音が改善された。

これほどの大きなリニューアルのきっかけとなったのは、各座席に設置されていたタブレット。利用者アンケートに寄せられた要望を集計した結果、わずか1年での新車導入に踏み切ったそうだ。

２０１８（平成30）年6月から旧車両がメンテナンスのため運休したが、同7月からメンテナンスを終えた車両（1号と2号）が加わり、東京～大阪間で1日2便の運行を開始した。新車両ドリームルリエ１０１号と１０２号は京都駅を経由する便となるため、利用者にとっての利便性はさらに向上するはずだ。

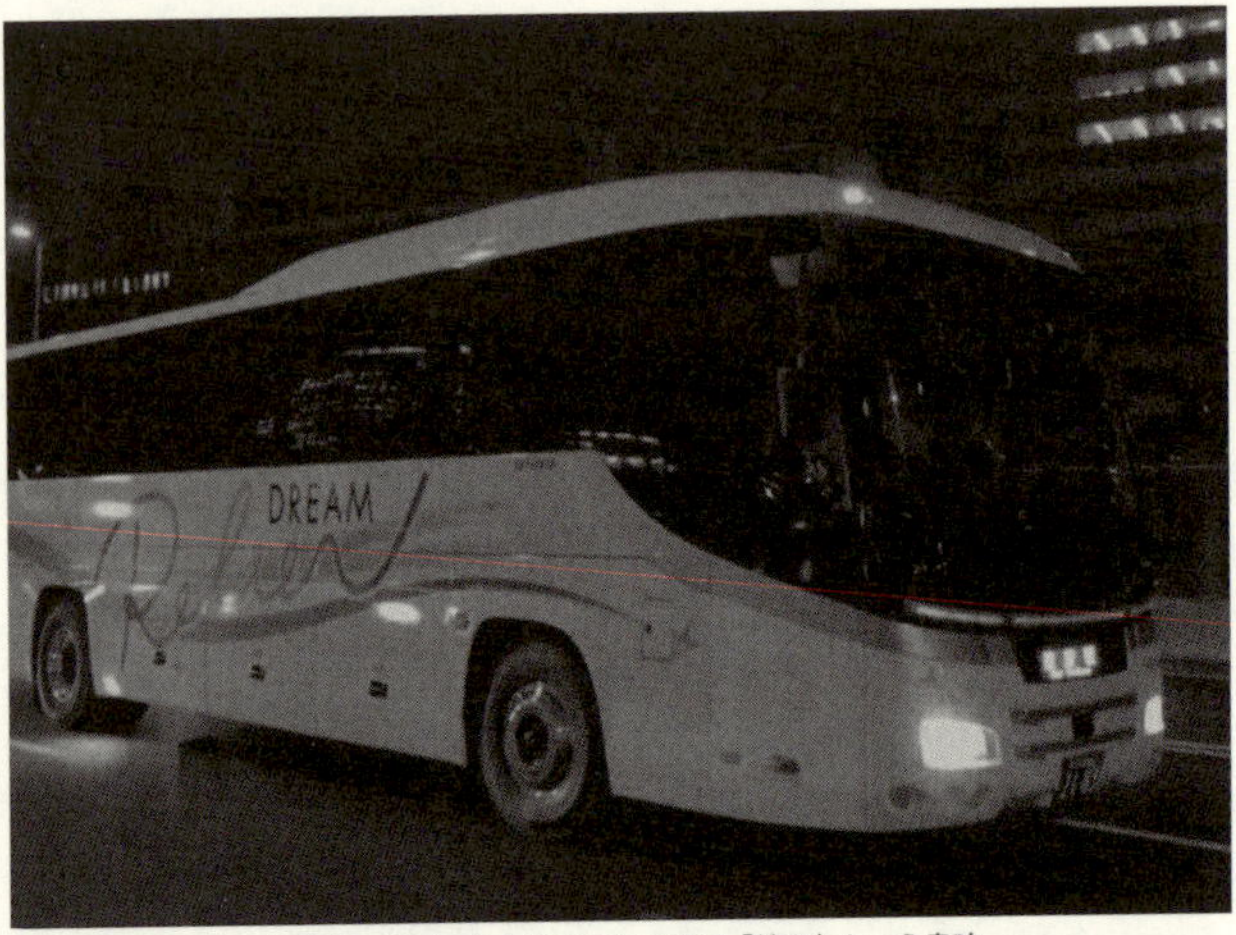

●「ドリームルリエ」車体。「Relier」とはフランス語で「結ぶ」という意味

●２列シートのプレシャスクラスでは足を伸ばして寝返りも打てる

快適快眠

夜行高速バスの最高級ブランド!!「走るホテル」ドリームスリーパーⅡ

ドリームスリーパーは、両備《りょうび》ホールディングスが「心地よい眠りと上質なリラクゼーションをお届けする」ことをメインコンセプトとして開発した、移動そのものを楽しむという新発想の高速バス。その2代目となるドリームスリーパーⅡは、業界初である全席扉付き完全個室型の夜行高速バスだ。

現在運行しているのは2路線で、ひとつは両備グループである広島の中国バスが運行する広島・福山〜東京間。そして2017（平成29）年1月より、夜行高速バスのゴールデンルートともいえる東京〜大阪間へ、両備バス大阪と関東バスがパートナーとなり運行を開始した。ドリームスリーパーを運転するのは両社社内より抜擢された、運転技術や接客能力の高い選抜ドライバー。着用する制服も1着20万円以上する特別仕様のものを採用している。設備、運行、サービスのすべての面において最高のおもてなしを提供する、という姿勢だ。

快眠を追求した「無重力」シート

初代ドリームスリーパーは、中国バスが運行している広島・福山〜横浜間「メイプルハーバー」の2便あるうちの1便だった。韓国のメーカー・ヒュンダイ製の大型観光バス「ユニバース」をベースとしており、左右2列の14席で、そのうち前2列の4席が後述するゼログラビティシート、その後ろがエグゼクティブシートだ。

全席仕切りがあったが、ドア部分がカーテンで仕切られた半個室仕様で、完全な個室ではなかった。2代目のドリームスリーパーⅡは、国内メーカーである三菱ふそう製のスーパーハイデッカー・エアロクィーンがベースとなり、客席は右に5席と左に6席のわずか11席しかない。長らく高速バスで重要視されてきた「輸送力」は切り捨てる構えだ。

右中央部床下に温水洗浄機能付きトイレ、最後部には大きな鏡や洗面台を備え付けたパウダールームが設けられている。シートは、メーカーの天龍工業（P・123参照）と共同で開発した、「ゼログラビティシート」を採用。これはNASAの理論を元に研究開発した、浮遊性のある姿勢で深い眠りにつけるというもので、背もたれの角度を40度、座席角度を30度、フットレストを水平に保つことで無重力状態を体感できる姿勢になる、というものだ。

シートクッションには高級布団メーカー・昭和西川のムアツクッションを採用している。卵形の点で身体を支え、体圧を放射状に分散し血行を妨げず通気性も良く、身体が沈み過ぎず自然な寝姿勢を保てる。シートのチルト、リクライニング、フットレストの調整はすべて電動で、ボタン一つの全自動でゼログラ体制へのセッティングも可能。高い技術と素材で、最高のシートを生み出しているのだ。

「走るホテル」の今後はどうなるか

あらゆる贅沢を詰め込んだドリームスリーパーに乗車するには、まず靴を脱がなければならない。なんと、土足禁止なのだ。スリッパに履き替え、ステップを上がると出迎えてくれるのはウェルカムアロマの香り。ふかふかの絨毯敷き廊下の左右には、個室がズラッと並ぶ。バスなのだが、シートではなくドアが並んでいる。これはもはやバスではなく、「走るホテル」と呼ぶべきだろう。

夜行バスとして快適に移動するために考えられるサービスを、すべて詰め込んだドリームスリーパーではあるが、意外にも、大人気につき予約殺到で乗車困難というほどではないようだ。「割安な運賃で目的地に移動する」というのが大原則である夜行バスでは、安い運賃で勝負する他社路線にそもそもの優位がある。

また、近年かなり過熱している豪華バスブームだが、それがどこまで続くのか、という懸念もある。その豪華さで大きなインパクトを誇る高級志向の長距離バスは、発表時の話題性と同等、あるいはそれ以上に、「バス路線としての定着」ということが重要となってくるだろう。もちろんそのための努力や戦略はバス会社で行っているはずなので、今後注目していきたい。

当然、開発や製造に相当大きなコストがかかっているので、運賃が通常より高額になってしまうのは仕方のないことだ。たくさんの路線があり選択肢の多い夜行バスの中で、広島から東京という長距離を快適に移動したい、という利用者への新しい選択肢としての戦略だろう。

また、新たにこれまで夜行バスの利用を選択肢として考えていなかった、移動にお金をかけられる層の取り込みが、今後の成功への鍵だろう。何はともあれ、一度は乗車して最上級のシートを体感するべきバスであることは間違いない。

●座席は個室型になっておりプライベートな空間だ

●ドリンクホルダーやスリッパ、靴入れが備え付けられている

日本最長

なんと1100kmの運行距離!! キング・オブ・深夜バスの魅力とは

日本国内を縦横無尽に走る高速バスの中でも、「キング・オブ・深夜バス」として高速バス界に君臨するのが、西日本鉄道が運行する「はかた号」だ。運行区間は、東京・新宿から福岡県福岡市の博多まで。走行距離はなんと約１１００km！　所要時間は東京行きが14時間15分、福岡行きが14時間2分と半日以上を要する。現在の運行便数は1日1往復で、東京行き・福岡行きとも夜行便の運行だ。

運行距離の長さは高速バスの特徴のひとつで、東京～弘前の「スカイ号」が約７００km、東京～香川を結ぶ「ハローブリッジ号」が約８００kmなど、長距離路線はいくつもあるが、はかた号の運行距離は抜群に長大なのである。

飛び抜けた長距離乗車ということもあり、車内設備は充実している。個室型のプレミアムシートは、電源やＵＳＢポート、Ｗi-Ｆiはもちろん、専用タブレットも付いている。シートは本革仕様でマッサージ機能まで備える。そのほか、空気清浄機や汗ふきシートも用意されており、さながらホテルのよう。シート数は1車当たり4席しかないので、予約の際は争奪戦必至だろう。そのほかの3列独立型ビジネスシートも、本革を採用し、高級感がある。シートサイズや前後左右のシートとの間隔はゆったり設計で、リラックスできる造りだ。深夜運行となるので、乗客は翌日に備えてゆっくりと休みたいところ。乗客の車中泊に配慮した設備・サービスがそろっているのである。

運行距離最長の座は譲るも利用者人気は抜群

はかた号の運行開始は1990（平成2）年で、当時は京王帝都電鉄（現・京王電鉄）との共同運行で1日2往復運行していた。また現在は山陽自動車道を経由するが、当時は中国自動車道経由であったため、所要時間は15時間を超えていたという。

運行開始後、中央自動車道経由から東名高速道路に変えるといった経路変更や、2014（平成26）年のエコノミーシート廃止といった車内仕様の変更などを繰り返す。また2016（平成28）年には、東京の乗降場所がバスタ新宿に変更された。

はかた号自体が変化を遂げる中、高速バス業界も大きく様変わりし、はかた号を取り巻く環境も激変した。高速バスは2006(平成18)年ころから事業者数が急増し、格安の料金設定も登場。はかた号にもライバルが現れ、東京駅周辺や横浜駅、福岡県側では北九州市などを発着地とする高速バスが複数、運行されるようになった。

しかし新興勢力の多くは、採算性の問題などにより長続きはしなかった。西鉄と西武観光バスが共同運行した「ライオンズエクスプレス」が埼玉県さいたま市と福岡をつなぎ、当時「はかた号」を超える日本最長を誇ったが、2015(平成27)年に運行休止となっている。

歴史と信頼で勝るはかた号は、東京～福岡間の主力高速バスとしての地位を守り抜いたのである。

ついに日本最長の座を譲る時が訪れた!

ところが、はかた号同様に競争を生き残った高速バスがあった。それが、「オリオンバス」だ。そしてこのバスは、東京での乗車場所が東京駅八重洲南口にある駐車場。したがって、はかた号より運行距離がほんのわずかだが長い。どちらも〝約1100㎞〟なのだが、はかた号は1097km、オリオンバスは1118km。その差にしてたった21kmだが、「日本最長」の称号は現時点でオリオンバスの頭上に輝いている。ちなみにオリオンバスの場合、東京行きは降車場所がバスタ新宿となるので、最長距離は東京発福岡行きの場合のみだ。

オリオンバスは車内仕様が4列シートで、料金ははかた号よりも割安に設定されている。そのため、はかた号とオリオンバスでは利用目的が若干異なるようだ。

オリオンバスの場合、コストパフォーマンス重視の学生利用などが多いらしい。対してはかた号は、前述の個室型プライベートシートなど居住性を追求してきた。価格競争ではなく、長時間移動でも得られる安心感と快適性の提供を重視しているのだ。

はかた号のこうした方針が利用客に受け入れられているのは、かつて2000年代前半に起きた格安高速バスの乱立と衰退の中で、はかた号が生き残れた事実からも読み取れる。

近年は、高速バスの中でも長距離運行の路線で、快適性を打ち出した豪華なバスが見られるようになった。採算を度外視した価格競争に走らず、快適性で顧客満足度を高めようという企業方針が広まりつつあるようだ。

●過去には２階建ての車両も運用されていた（写真：Nissy-KITAQ CC BY-SA 3.0）

はかた号も時代の潮流を読んだ値下げは行っているが、運行開始以来、プレミアムシート導入やコンセントの全座席装備、女性専用席設定など、車内環境の向上を第一に取り組んできている。前述の４席しかない個室プレミアムシートの料金は時期や曜日などによって変動するが、１万７０００円～２万円。格安航空券の早割などと比べると多少割高であっても、利用客は絶えないという。

運行距離でこそオリオンバスにトップを譲ってはいるが、リラックスできるバス旅を約束する設備への人気面では、「キング・オブ・深夜バス」の座は盤石と言えそうだ。

競合路線

3社が群雄割拠する激戦区間!! 使いやすさナンバー1はどこだ!?

全国の主要都市を結ぶ高速バス。その走行距離は、長いものではゆうに1000kmを超える。東京～大阪間の場合は、約500km。高速バスの平均走行距離は数百kmというところだろう。

では逆に走行距離が短い高速バスに着目してみると、東京～成田空港間を運行する高速バスが、一例として挙げられる。距離にして70km弱という短距離路線だ。ところで実は今、この東京～成田空港間の勢力争いが激化しているのである。

同区間を運行する高速バスの筆頭は、京成バスなどの京成グループが運行する「東京シャトル」だ。2012（平成24）年7月に運行を開始した。そのわずか1カ月後、平和交通が「THEアクセス成田」の運行を始めている。当初は東京シャトルが知名度の高さなどから集客に優勢だったが、2014（平成26）年、THEアクセス成田にジェイアールバス関東が加わったことで、THEアクセス成田の乗り場が東京駅八重洲口のJR高速バスターミナルに変わり、利便性が向上。これにより勢力は拮抗した。

そして、2強がしのぎを削る同路線に、ウィラーの「成田シャトル」が参戦したのが2016（平成28）年のことである。後発の成田シャトルではあるが、古豪2社とは異なる運行形態で、差別化を図っている。

東京〜成田空港間はまさに群雄割拠の戦国時代にあり、3強体制が確立されるのか、あるいはいずれかが抜け出すのか、行く末が注目される。

料金・運行数・スペックで三者三様の路線

各社の強みと特徴を明らかにしていく前に、成田空港へのそのほかのアクセス手段の現状を把握しておこう。鉄道では、東京駅発着の場合、一例としてJRを使い日暮里駅から京成スカイライナーに乗り換える方法が挙げられる。所要時間は1時間10分程度で、料金は2600円強だ。自動車経路では、東京空港交通が運行するリムジンバスもあり、こちらは所要1時間30分前後で料金は2800円かかる。

それらとまず比較したいのが、先駆けである東京シャトルだ。運行便数は直行便が1日

113便で、昼行便は20分間隔で運行している。運賃は、前日・当日までの予約・決済および未予約の場合1000円なので、前述の鉄道などよりもかなりの割安だ。所要時間も成田空港第2ターミナルまで1時間5分から1時間15分程度で、鉄道と比較してもそん色ない。むしろ、1日100便以上の運行便数をかんがみれば、東京シャトルの方が使い勝手は良さそうだ。

続いてTHEアクセス成田ではどうだろうか。料金は1000円で、成田空港第2ターミナルまでの所要時間は東京シャトルとほとんど変わらない。運行便数は1日142便と東京シャトルを大きく上回っている。当然、鉄道やリムジンバスを凌ぐ利便性を備えている。

最後に、成田シャトルだが、都内の発着は東京駅ではなく、大崎駅。料金は出発24時間前までの購入で1000円、出発20分前までの普通運賃は1200円だ。所要時間は最短1時間15分で、1日43便運行している。

料金・運行便数・都内発着地で比較すると、料金で東京シャトル、運行便数でTHEアクセス成田、品川や渋谷に近い乗り場の利便性で成田シャトルに、それぞれ軍配が上がるといえよう。

サービスで差をつける3社の戦略

では、バスのスペックやサービスで比較して見るとどうだろうか。

各社とも、特にサービス面での差別化に力を入れているようだ。東京シャトルは、東京メトロと都営地下鉄が乗り降り自由なセット券、温泉施設「大江戸温泉物語」の割引セット券など、利用客の都内滞在を充実させるお得なセットプランを展開している。

一方、THEアクセス成田の場合、レンタルWiFi「イモトのWiFi」をお得にレンタルできるプランを用意している。また便によっては成田空港周辺の主要ホテル行きとなるバスもあり、各ホテルのエントランスで降車できる。

成田シャトルでは、充実のバススペックが強みといえる。ウィラーエクスプレスと京成グループの共同運行便であり、無料車内WiFi、USB充電ポート、寝顔が隠せるカノピー付きと、都内〜空港間のバス旅を快適にする設備が揃っている。

3社とも競り合う中で独自性を打ち出してきており、当面、三つ巴の激戦が繰り広げられそうだ。最終的には利用者が搭乗する飛行機のフライト時間や、都内での乗車場所によって使い分けるのが賢明だろう。

●京成バスの「東京シャトル」の車体

●ビィー・トランセグループが運行する「THE アクセス成田」の車両（写真：Mutimaro CC BY-SA 4.0）

乗り心地

運転手のレベルが高すぎる！
豪華志向の先駆けとなったバス路線

徳島県に本社を置くバス会社、海部《かいふ》観光が運行している「マイ・フローラ」は、東京・徳島間を1日1往復運行している夜行バスだ。2011（平成23）年の登場以来、乗車率はほとんど常に驚異の90％で、金・土曜や祝前日は予約が困難なほどの人気を誇っている。このバスの唯一無二の特徴であり、人気の理由なのは、「降りたくなくなるほどの乗り心地」だ。

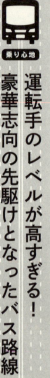

1台につきわずか12席しかないこだわり抜かれた座席は、もはや客室と呼べるほどのクオリティ。車内にはカーペットが敷かれ、靴は乗車前に脱ぎ、乗務員が専用の靴箱にしまってくれる。徳島県産の木材でつくられたパーティーションで天井近くまでしっかり仕切られ、カーテンを閉めてしまえばほとんど個室といってもいいプライベートな空間が確保できる。

シートの幅は一般的な観光バスの1・5倍ほどで、寝返りを打つ余裕もある。後ろの席との間にある壁のおかげで、155度のリクライニングも後ろを気にせず思いっきり倒せるのもありがたい。京都西川の毛布もついていて、ぐっすり眠るための設備は万端だ。読書灯、コンセント、カーナビで位置を確認できるテレビなどもあり、起きているうちも快適に過ごせる。

座席だけじゃない細かすぎる設備

座席後方、車内の4分の1ほどの広さをとったトイレも人気の理由のひとつだ。着替えがゆったりとできるほど広いため、到着直前には着替え待ちで車内に列ができることもあるという。あらゆるところに手すりがあるので、転ぶ心配もなく車内を移動できるのもありがたい。

トイレが車両最後部に設置されているのは、エンジンの一番近く、最もエンジン音が気になる部分に客室を置かず、かつ壁をつくることで防音効果をはかるためだそう。

各客室に取り付けられたスーツなどをかけられるハンガーにまで、騒音対策がなされている。金属部分にゴム製のチューブが取り付けられ、ハンガーラックとハンガーがぶつかる金属音を軽減する。車内は芳香剤によりほんのり花のような香りがして、においへの対策も怠らない。

プレミアムな体験は降車後まで続く。海部観光の徳島駅前営業所に併設された待合施設「バスオアシス」にも、心遣いがあふれている。シャワー室があり、シャンプー、タオル、ドライヤーなどは一式貸し出しているので手ぶらで行ってもOK。マッサージチェアもあり、身体のコリも取れる。都内に比べると駅前施設が少ない徳島駅前で、到着後シャワー付きのネットカフェを探して右往左往しなくても、降りてすぐシャワーを浴びられるのだ。

ペットボトルも倒れない凄腕運転！

「マイ・フローラ」のドライバーをはじめとする海部観光の高速バス運転手は、特別な訓練を受けている。「揺れない運転」のため、運転手も靴を履いていない。靴を履かないことにより、アクセルやブレーキの微妙で繊細な調整が可能になるからだ。靴を履いているときは足の裏で踏み込むところを、例えば足の親指一本ですこしだけ踏む、といった感覚的な操作ができるようになる。

これは海部観光ならではの運転。会長である打山昇氏《うちやまのぼる》が運転手時代に始めたもので、まだバスの走る道にも山道が多かった当時、バス酔いする客が多かった中「会長が運転するバスは山道でも酔わない」と評判になるほどの、快適な運転だった。

また、実際の車両を使用した新人研修の際に、半分ほど水を入れた500mlペットボトルをダッシュボードに立てて、それが倒れないような運転を身につけさせる。アクセルを踏むときも、ブレーキを踏むときも、曲がるときにも、発車時や停車時も、最大限の注意を払わなくてはならない。

研修完了の条件は、班長と呼ばれるリーダー運転手3人または4人の合格をもらうこと。免許は持っていても、研修期間が1年にもなる社員もいるそうだ。それだけ研修完了の基準が厳しいということがわかるだろう。

「マイ・フローラ」だけでなく、海部観光全車両の運転手が、この運転ができるのだから驚きだ。その中で技術、接客、性格等で選び抜き、会社がふさわしいと認めた運転手が「マイ・フローラ」を担当するのだから、高速バス運転におけるプロ中のプロと言えるだろう。

●乗務員への安全研修を徹底的に行う

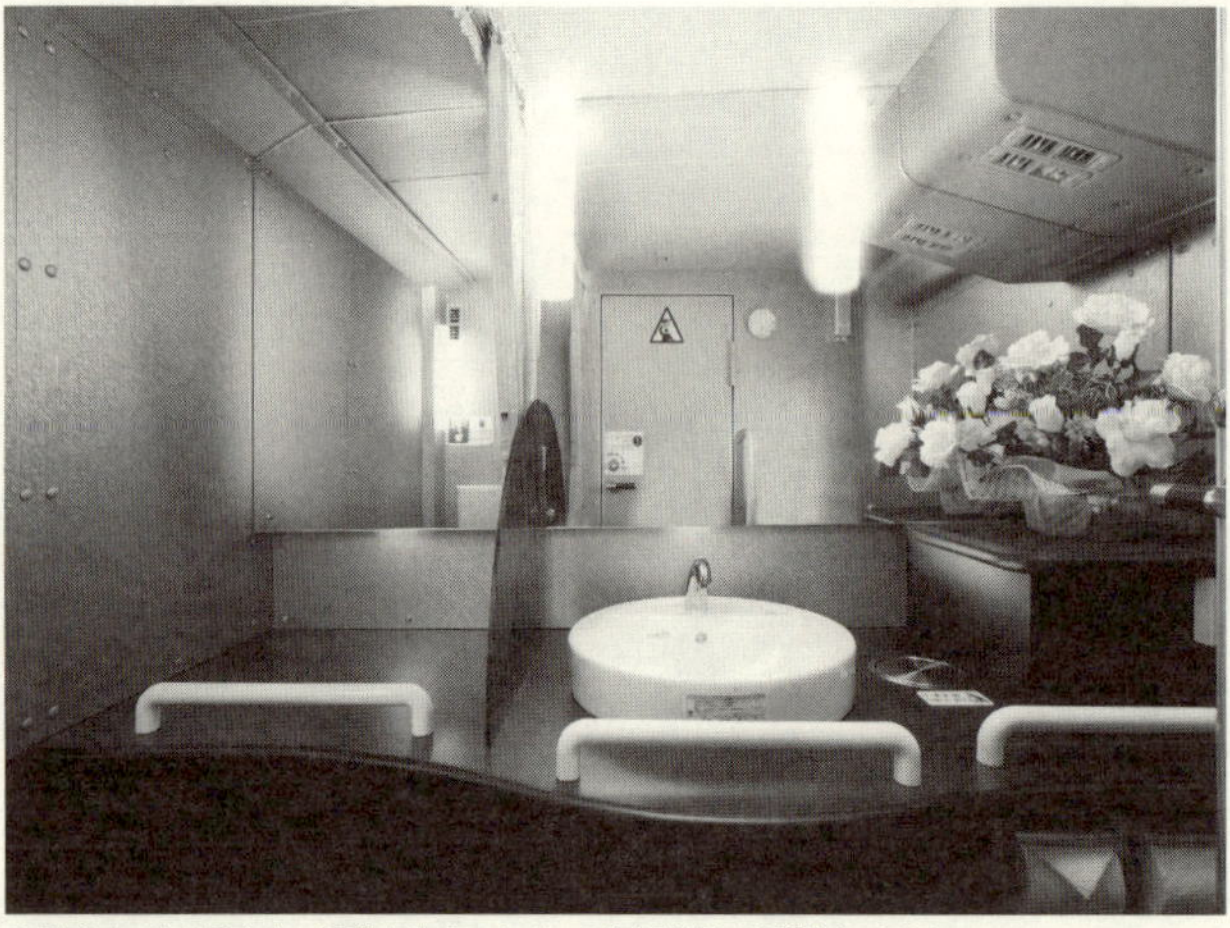
●高速バスとは思えない豪華な造りのトイレが車両後部に設置されている

珍路線

高速バスにたったの10円で乗れる!? 名古屋を走る市営バス最長路線

名古屋市内では全域に路線バス網が張り巡らされており、移動で不便な思いをすることはほとんどない。市内のバス輸送の9割を担っているのは、名古屋市交通局が運行する市営バスである。2017(平成29)年度発表の事業概要資料によると、系統数は163系統、総営業キロは764・9km、在籍車両は1012両だ。営業キロは公営では長崎県営バスの1397kmに次いで全国2番目、車両数も東京都営バスの1452両に次いで公営で2番目だ。

市営バスでは、人口や集客施設の設置状況など地域ごとの特性を踏まえ、多様な運行サービスを行っているのも特徴だ。例えば道路中央、あるいは路側にバス専用レーンを設置し速達性・定時性を確保する「基幹バス」、区役所や商店街など地域住民の生活に密着した施設を巡回する「地域巡回バス」など。さらに、地下鉄東山線の終車後に深夜バスを走らせるなど、まさに名古屋の人の足として活躍している。

高速に乗る路線だけは10円高い乗車賃

そんな市営バスのなかで、最も運行距離が長いのが「高速1系統」。栄《さかえ》バス停から南下し、緑区にある森の里団地バス停までを結ぶ路線なのだが、これが高速3号大高線という名古屋高速道路の一部区間を経由するのだ。

栄バス停から乗ると、バスは南下し上前津《かみまえづ》バス停や鶴舞《つるまい》公園バス停などを経由しつつ、郊外方面へと向かってゆく。円上《えんじょう》バス停を越えると、すぐに高辻インターにさしかかる。ここから目的地である大高《おおだか》方面へ、高速道路を飛ばしてゆくのだ。

おもしろいのは、このバスに乗って高速道路区間を利用するときは、10円の追加料金がかかるということ。名古屋の市営バスは基本的にどこまで乗っても210円の均一料金で、先払い方式となっている。しかし、この「高速1」では、運賃が初めから高速料金の10円をプラスした220円の設定になっているのだ。そのためICカードなどを使う場合、高速道路以外の区間しか利用しない乗客は乗車時に申告し、210円の設定にしてもらわなければならない。

それが、この路線が「10円で乗れる高速バス」と言われるゆえんだ。ただしこの表現には若干の語弊があり、正確には「10円の追加料金で高速道路区間に乗車できるバス」。乗車には220円がかかってしまうが、それでも激安だ。ちなみに、定期券や1日乗車券を使って乗車する場合も、高速道路区間に乗るには10円を払う必要がある。

路線バスが高速道路を走れるワケ

高速道路の区間は約13kmほどで、10分少々の道のりしかない。防護柵に阻まれており特段景色を眺められるわけでもなく、風を感じられるわけでもないが、普通の路線バス車両が高速道路上を走っていること、さらに今走っている区間を10円で乗っているという事実に、多少なりともワクワクしてくるのでは。

だが、立客がいる路線バスが走ることに問題はないのだろうか？　実は、名古屋高速道路が属する都市高速道路は、法律上は自動車専用道路であり、高速自動車国道とは区別されている。首都高速道路などと同じで、制限速度も基本的には一般道と同じなのだ。そのため、立客がいる路線バス車両が走行しても法的には問題ないというわけだ。

しかし、いくら市営といえど、大型車での高速道路の走行にはそれなりの通行料金がかかるはず。にもかかわらず10円の追加料金で乗れるというのは、一体どういうカラクリなのだろう。

これには、「市営」という運行主体もかかわってくる。公共性が高いバス事業のなかでも、自治体が運営するものはさらに「地域の足」という役割が強くなる。実際、2016（平成28）年度決算のデータでは、名古屋市交通局が運営する全系統のうち約73％は赤字系統。市民の足として、できるだけ安い運賃で運行することは市バスの至上命題なのだ。ちなみに「高速1系統」の、2016（平成28）年度の営業係数（100円の収支を得るのにかかる費用）は133。それでも全体の半分くらいの順位なのだが、やはり赤字系統となっている。

また、このバスは市営にもかかわらず「市境越え」をすることにも触れておこう。高速道路を降りる有松《ありまつ》インター付近が、ちょうど大府《おおぶ》市との境になっており、バスはここでいったん大府市に入る。そしてそれからわずか数分後に交差点を折り返して、名古屋市に位置する有松町口無池《くちなしいけ》バス停に停車するのだ。ここからは普通の路線バスと同じように、1㎞以内の間隔で設置されたバス停に停まりつつ住宅街を縫ってゆく。いろいろな側面から、面白い路線だ。

●「高速1号」で運用されるのは一般的な路線バス車両だ

●運賃箱には、高速区間を利用する場合のみ220円という表示がある

VS電車

並行する鉄道に勝利した!? 神戸の通勤を担う2つのバス路線

平日朝、通勤・通学でにぎわう神戸電鉄粟生《あお》線の栄駅前。山々に切り拓かれたニュータウンから駅の方まで通勤・通学客が続々と降りてきて、ここから神戸の中心街へ向かってゆく。

どこにでもある都市近郊の私鉄駅の風景に見えるが、ひとつ特殊な点がある。粟生線の駅に吸い込まれる乗客より、三宮行きのバス停に向かう人のほうが多いのだ。粟生線は7時台では7本の運行に対し、バスはほぼ5分に1便。しかもそれでも、途切れることなくバス待ち客は増えてゆく。平日の昼間はさらに顕著で、バスは満員なのに、粟生線は1両に2、3人しか乗っていないこともザラにある。

公共交通で乗客が競合相手に流れることを「逸走《いっそう》」というが、この地域ではまさに、神戸電鉄粟生線から地元の大手・神姫《しんき》バスへの利用客の逸走が進んでいる。きっかけは、神姫バス「恵比須快速」の運行開始だった。

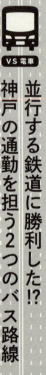

鉄道路線のスキを突いた2路線

「恵比須快速」は恵比須駅から周辺の住宅街を経由し、そのまま新神戸トンネルを抜けて三宮に至る路線。2002（平成14）年の運行開始時には平日32便の運行だったのが、現在では100便以上にまで増加した。

その秘密はバスが通る「新神戸トンネル」だ。1976（昭和51）年に開通し、1988（昭和63）年には第二新神戸トンネルの完成によって、片側2車線化を果たした。これを使えば、およそ8㎞を一直線に走り、神戸市北部の谷あいから10分弱で三宮の近くに抜けられる。一般路線バスの阪急バス「61系統」が険しい山道を40分も下ることを考えると、大幅な時間短縮だ。

また、粟生線との大きな違いは、神戸の実質的な中心街である三宮に乗り入れることだろう。粟生線だと新開地で乗り替えになるうえ、湊川～三宮間が「神戸高速鉄道線」という別会社なので、恵比須～湊川の590円にその運賃150円がプラスされてしまう。一方バスは、駅前から少し離れた団地を経由したうえで、通しの運賃は670円。団地の住民にとっては時間的にもコスト的にも、バスに軍配が上がるのだ。

粟生線の沿線を走る高速バスはもう1路線ある。西脇市の中心部と三宮を結ぶ「西脇急行線」だ。もともとは明石に近い玉津を経由していたが、2004（平成16）年に全便が新神戸トンネル経由となり、小野本町から神戸市中心部まで粟生線と正面から競合した。運賃も恵比須快速と同じく、競合区間で軒並み粟生線より安い運賃を設定している。

西脇市の「中心部」とあえて書いたのは、競合するJR加古川線が市内中心部を通っていないからだ。もともと中心部には鍛冶屋線の西脇駅があり、加古川から直通列車が多く走っていたのだが、1990（平成2）年に路線が廃止となってしまった。現在の加古川線・野村駅（当時）から西脇駅までのみ営業成績が良く、1区間のみの存続や第3セクター化が叫ばれたが、最終的には全区間が廃止。野村駅から改称した西脇市駅は市街地から2km近く離れ、中心駅としての役割は果たせない。中心部からの乗客は軒並みバスに逸走してしまった、という訳だ。

バスに逸走を許した粟生線は乗客が落ち込み……

粟生線は、2つのバス路線の攻勢により大きなダメージを受けることになった。ダメを押すように2004（平成16）年にはJR加古川線の電化で所要時間・本数が改善、粟生から三宮に抜ける加古川線も強敵となってしまった。もはやその牙城は鈴蘭台近くの数kmのみ。かつて年間1420万人だった乗降客数は半分を割り込み、本数減を繰り返した結果、現在、平日日中では志染《しじみ》からは1時間に2～3本、粟生からは1時間1本の運行となっている。今は主要駅ですら平日の日中は無人となった。

その赤字額は年間10億円を超え、乗車を促進する地元のサポータークラブも会員数が年々減少するなど、なかなか挽回の機会が見えてこない。実は複数区間で複線化できる土地はあるのだが、その体力はもはや残っていないように見える。

しかし、一方的な攻勢かに見えるバスにも課題はある。一般道路の区間は対面通行で路肩も狭く、トラックとのすれ違いにすら気を遣う状況だ。そして地域の公共交通自体の衰退もあってか、地域の車の利用者がこの20年間で2割以上も増加してしまい、新たな逸走によって西脇急行線も減便されてしまった。追い打ちをかけるように、沿線は高齢化並びに総人口・就業人口・通学需要の減少も始まっている。神戸市の西区内には、阪急乗り入れによる梅田直通を狙う市営地下鉄もある。

恵比須快速線・西脇急行線の闘いは、まだまだこれからなのかもしれない。

●西脇営業所へ向かう西脇急行線。ここは一般道区間だ

●高速バスのルートとほぼ並走する神戸電鉄粟生線の車両

第2章

高速バス旅に使える お役立ち情報

鉄道よりも大幅に便利で安い!?
日本全国「穴場」的高速バス路線

国内で旅行や出張に行くとき、まず最初に想定する移動手段は鉄道や航空機だろう。しかし、区間や時間によっては、高速バスのほうが圧倒的に便利なことがあるのだ。

そもそも、日本の鉄道網は現在、全国をカバーしているとは言い難い。1987（昭和62）年、日本国有鉄道（国鉄）が分割民営化されて以降、整備新幹線計画が優先され、地方の赤字路線や工事中だった路線は廃線、もしくは第3セクターへ移行された。結果、不通となった区間の代替交通を路線バスが担っている例なども見られる。

東京～松本間は、新宿駅からJR中央線を走る特急列車1本で行けるが、少しでも安く移動したい場合に向くのが中央高速バス（京王バス・アルピコ交通）だ。片道3500円とJR線の約半額の料金で乗車でき、毎日上下48便が30分～1時間間隔で運行されている。

松本から新宿に向かう場合、JR線では松本駅からの始発が特急「あずさ2号」6時8分なのに対し、中央高速バスでは4時20分。バスタ新宿には8時13分に到着する。

「あずさ2号」に乗車した場合、新宿駅着は9時12分になる。もちろん、乗車時間はバスの方が長いが、到着時刻に1時間の差があるため、「少しでも早い時間に東京に到着したい」という条件ならば、中央高速バスを選択すべきだろう。

西日本ジェイアールバスが運行する夜行高速バス「プレミアムドリーム11号」は、東京駅八重洲南口バスターミナルを22時10分に発車して、翌朝奈良へ6時50分に乗り換えなしで到着できる。近年、奈良は平日も外国人観光客が増加している。このバスを利用した場合、早朝まだ静かな古都のたたずまいを楽しみながら、奈良観光を満喫できる。

新幹線が際立たせる夜行高速バスのメリット

2010(平成22)年12月、東北新幹線が新青森まで延長されて、東京〜青森間の移動時間は大幅に短縮された。それにより、同区間の寝台特急は、2014(平成26)年に廃止された「あけぼの」を最後に、姿を消した。

少しでも長く滞在時間を確保したい場合、東京〜青森間も夜行高速バスを利用するメリットは高い。JR東北バス「ラフォーレ号」は、東京駅八重洲南口バスターミナルを22

時30分に出発し、青森駅前に翌朝8時5分に到着する。

乗車時間は東北新幹線に比べ長くなるが、翌日、青森で使える時間に2時間の差が出る。もちろん料金面でも、早割を利用すればJRの半額以下になる点も見逃せない。

2015（平成27）年3月に北陸新幹線が開業し、東京〜金沢間の移動時間は大幅に短縮したが、それと同時に、関西から富山へのアクセスは悪化してしまった。

北陸新幹線開業以前は、大阪駅から富山駅まで「特急サンダーバード」が運行されており、乗り換えなしで移動が可能だったが、北陸新幹線の開業に伴い、富山〜金沢間が第3セクター化され、金沢駅でこの2社か北陸新幹線に乗り換えが必要になった。

逆説的にみると、大阪〜富山間は北新幹線開業のおかげで、夜行高速バスのメリットが浮き彫りにされた路線といえるだろう。現在、大阪〜富山間では、ウィラー・西日本ジェイアールバス・阪急バス・富山地方鉄道の夜行高速バスが運行している。

高速バスに圧倒的優位がある区間も

また、初めから高速バスのほうが鉄道よりも便利な区間というのもある。大阪から鉄道を利用する場合、最も近くて遠い場所が徳島県にあたる。大阪湾を挟んで徳島県は目と鼻の先だが、鉄道を使って行くためには、大きく迂回して瀬戸大橋を渡らなければならない。実に、大阪・兵庫・岡山・香川・徳島の5府県を経由しなければたどり着くことができないのだ。

1998（平成10）年に、兵庫県神戸市と淡路島を結ぶ世界最長の吊り橋・明石海峡大橋（3911m）が開通して本州と徳島が結ばれたが、この橋は構造上鉄道を通すことができない。このため、JR線を利用した場合、岡山を経由して徳島までの移動距離は約330kmにもおよんでしまう。しかし、バスを使い明石海峡大橋を渡れば、151km（西日本ジェイアールバス「阿波エクスプレス大阪」の例）の距離になり、運賃も半分以下で移動ができる。

さらに、この区間を西日本ジェイアールバスは1日23便、阪急高速バス（徳島バス・南海バス・阪神バス相互乗り入れ）は1日13便が毎日運行しており、便数が多くとても使いやすい。

これだけの需要がある大阪〜徳島の区間だが、先述のように淡路島経由で鉄道を通すことが難しく、この先も高速バスの優位性は変わらないだろう。

●伊那線、飯田線など様々な路線からなる「中央高速バス」

●「プレミアムドリーム 11 号」は便利なだけでなく、広いシートや充実の設備の豪華バスだ

今もまだ進化し続けている！交通の一大拠点・バスタ新宿の秘密

２０１６（平成28）年から運用を開始した、バスタ新宿。「新宿高速バスターミナル」との正式名称のように、これまで新宿駅周辺の19カ所に分散していた高速バスの乗降場を集約した、日本最大規模のバスターミナルだ。

バスタ新宿は、新宿駅南口付近の交通渋滞や乗り換え機能の不足を解消するための「新宿駅南口地区基盤整備事業」の一環として整備された。新宿駅新南口の整備や跨線橋の付け替えなど、バスターミナルだけではない総合的かつ計画的な整備がなされ、単にバス乗り場の一本化というだけではなく、新宿駅における交通の便や人の流れを大きく変えた、といっても過言ではないだろう。実際、開業後約1年間で累計利用者数が１０００万人を突破するなど、その成果には目をみはるものがある。

開業後すぐは売店がなかったり、トイレやベンチの数が少ないといった声が寄せられたが、そういった意見を反映させて満足度の向上に努めている。２０１８（平成30）年7月現在、まだ開業から2年ほどしか経っておらず、利用者や事業者へのヒアリングを元に環境の整備を続けている状態なのは当然のことだろう。

大量の利用者に対応すべく設備を改良

バスタ新宿における高速バスの方面別利用者数は、最も多いのが河口湖で約98万人、2位が大阪で約88万人、3位が箱根で約78万人となっている（開業から約1年間のデータ）。東京都民にとって「近場の旅行地」である富士山周辺が1位と3位に入り、路線数も多く仕事での行き来も多い大阪が滑り込んだ形だ。1日の利用者数は3万人付近を推移しており、便数は約1470便。GWともなると最大1720便が1日に発着したというのだから驚きだ。

建物は4階層になっており、高速バス利用者が使うのは3階の降り場フロアと4階の乗り場フロア。3階には東京観光案内所、4階には待合室と、利用者に合った施設が設けられている。

待合室は広く、344席の座席と、英語にも対応したインフォメーションカウンター、有人発券窓口、自動発券機、またコインロッカーや授乳室などを備えている。2017（平成29）年4月には、小さいながらもコンビニがオープンし、みやげ物や旅行用品なども販売している。

また、これまでみやげ物専門店はターミナル内に存在せず、本格的な売り場を求める利用者の声があった。これに応え、2018（平成30）年4月20日に「バスタ新宿THE土産SHOP」が新たにオープン。朝の6時から24時まで営業しており、東京をはじめとした関東近郊のおみやげが揃っている。

このような設備の向上は日本人の観光客はもちろん、インバウンド（訪日外国人）を強く意識しているのは間違いない。もともと増加傾向にあった訪日外国人観光客は、2013（平成25）年ごろから急激に数が増加し、2016（平成28）年には2000万人を突破。2018（平成30）年には3000万人を超えるのではないかというほどの勢いだ。

2020年の東京オリンピックではさらにその数を増やすと見られており、交通インフラや受け入れ体制の整備は国にとっても急務。バスタ新宿でも、案内表示の多言語化などを進めている。

新たな試みもどんどん導入する

2018（平成30）年4月から、バスの運行の面でも新しい試みが始まった。バスタ新宿に乗り入れる路線を対象とし、到着遅れなどをディスプレイで利用者に知らせるという、国土交通省による実証実験だ。これは「バスロケーションシステム」といい、一般路線バスでも近年よく見られるサービス。ETCを活用してバスの位置を把握し、知らせるというもので、到着時間はアプリをダウンロードすればスマートフォンからも見られる。バスを待つ利用者だけではなく、バスの乗客が「今乗っているバスが何時に目的地に到着するか」を把握できるという点でも、便利なシステムだ。

また、2018（平成30）年5月からはバスタ新宿内のすべての自動券売機で、東京空港交通の羽田空港および成田空港行きのバスの乗車券が購入できるようになった。これまでは専用のカウンターか専用の券売機を利用せねばならず、混雑することがあったため、ありがたい改良だ。

こうした細かい利用者の希望を取り入れつつ、バスタ新宿は環境の整備を続けている。東京オリンピックまでに「完成形」は作れるのだろうか？　今後の動きにも注目だ。

●入り口から入ってすぐのところにインフォメーションカウンターがある

●新たにオープンした「バスタ新宿 THE 土産 SHOP」

1日の利用者数約2万人！ バスタに負けない西鉄バスターミナル

九州各地や本州への高速バスの発着地点として、1日に2万人もの乗客が利用するという、福岡県福岡市の西鉄天神高速バスターミナル。現在は東京や名古屋、中国・四国地方の都市など本州へ行く6路線、九州各地へ向かう21路線の、合わせて27路線がこのバスターミナルから出ている。1日の発着数は約1500便（2017年度）を数える。

西鉄天神高速バスターミナルはその名の通り、西日本鉄道株式会社が運営している。鉄道事業とともに、バス事業は同社の重要部門となっている。西日本鉄道の前身となったのは、1908（明治41）年に設立した九州電気軌道株式会社。当初は鉄軌道が事業の中心だったが、1929（昭和4）年にバス事業を開始した。

大正時代末期から昭和初期にかけては、九州だけでなく全国各地でバス事業者が乱立していたが、1938（昭和13）年に陸上交通事業調整法が制定されると、戦時統制に向けて、福岡県の民間交通企業を1社に統合することになる。福岡県は4ブロックに分けて統合を進めることとなり、西日本鉄道は第一地区である福岡県の大半のバス事業者を統合。車両台数1241台を誇る、日本最大級のバス会社となった。

駅に直結の最先端バスターミナルへ

1950〜1960年代の一般乗合バスの路線増加とともに、長距離バスも運行を開始する。戦時中の統合により、福岡県内の大半と佐賀県・大分県の一部までが営業エリアとなっていた西日本鉄道は、さらに周辺の事業者と相互乗り入れをすることで、南は熊本県、北は関門国道トンネルを利用して山口県まで路線を伸ばしていった。

一般路線・長距離路線が増えるに伴い、それまでの博多駅前の発着所では手狭になっていた。1950（昭和25）年の改装と1952（昭和27）年の第二発着所増設の後、1961（昭和36）年の西鉄福岡駅の高架化に合わせて、高架下の1階部分に福岡バスセンターが開設。日本初の高架駅に直結したバスターミナルだった。

1973（昭和48）年11月に、九州縦貫自動車道鳥栖《とす》〜熊本間が開通すると、それまで走っていた西日本鉄道・九州産業交通の相互乗り入れの特急バス「ひのくに号」は高速道路を走る運用となり、約40分もの大幅な時間短縮が図られた。さらに1979（昭和54）年には、九州自動車道と北九州道路を結ぶ北九州直方道路が開通。小倉〜福岡空港間や福岡〜小倉間の高速バスが運行を開始し、九州を走る新たな高速バス路線が次々と誕生していった。

その後も高速バス事業は成長の一途をたどり、1983（昭和58）年には福岡〜大阪間の夜行高速バス「ムーンライト」（阪急バスとの共同運行）や、1989（平成元）年に福岡〜名古屋間の「どんたく」、1990（平成2）年に福岡〜東京（新宿）間の「はかた」の運行を開始した。1988（昭和63）〜1992（平成4）年の間に22路線、1都2府14県へつながる路線が誕生した。

現在の場所に高速バスの拠点が開業

こうした高速バス路線の拡充に伴い、多くの乗客を収容できる新たなバスターミナルの建設が求められるようになった。そして福岡バスセンターに代わり、1997（平成9）年2月に現在のソラリアターミナルビル3階に、西鉄天神バスセンターがオープンしたのである。

特徴としては、吊床方式でバスによる振動がなく、待合室とバスホームの間がガラスで仕切られおり、バスを待つ人が排気ガスなどに悩むこともない。冷暖房完備で、快適性も確保。3基のエレベーターのほか、渡辺通り側からの直通エスカレーターも設置されるなど、利用効率も格段にアップした。

また、旧バスターミナルでは渡辺通り側の車両出入口が狭く、降車場が路上に設けられていたため、付近での道路渋滞がしばしば発生していた。しかし、新ターミナルでは、乗車・降車場ともにターミナル内に設けられており、加えて乗車・降車ホームの奥に車両を転回するスペースや大型バス19台分もの待機場が造られたことにより、渋滞緩和が図られた。

そんな西鉄天神バスセンターも、開業から18年目の2015年（平成27）年3月にリニューアルが行われ、名称も新たに「西鉄天神高速バスターミナル」となった。新たなインフォメーション窓口が設置され、発着情報案内表示がデジタルサイネージ化され、大型ディスプレイで表示。コーヒーショップも新設するなど、さらに利用しやすく、発車時刻までの待ち時間も快適に過ごせるようになっている。

●リニューアルされた西鉄天神高速バスターミナル。パウダールームなどを備える

●１９９７（平成９）年からの西鉄バスセンター時代

路線数なんと50以上！北海道では高速バスを使うべし

都道府県の認知度や魅力度、イメージなどからランク付けされる「都道府県の魅力度ランキング」（株式会社ブランド総合研究所調べ）で、9年連続1位に輝いている北海道。2016（平成28年）年度には約820万人もの観光客が北海道を訪れている。

北海道は広い。面積7万7983・9㎢で、飛行機でも札幌～釧路間で約40分、札幌～稚内間で約55分、本州だと東京～名古屋間ほどの距離がある。北海道内を飛行機や鉄道で移動する人も多いが、実をいうと、高速バスでの移動が非常に便利なのだ。

北海道の自動車道路の整備が飛躍的に進んだのは、1970（昭和45）年頃からである。札幌冬季五輪に向け、砂利道の車道が舗装され、1971（昭和46）年12月には、千歳～北広島間の高速道路が開通した。1978（昭和53）年には千歳～苫小牧《とまこまい》東間、翌年には北広島～札幌南間が開通。さらに1981（昭和56）年に苫小牧東～苫小牧西間、1983（昭和58）年に苫小牧～白老《しらおい》間の高速道路がつながった。その後も高速道路・自動車専用道路の工事は進められており、2018（平成30年）年現在も北海道横断自動車道の余市《よいち》～小樽西～小樽JCT間の工事が行われている。こうした高速道路の延伸に伴い、北海道内の各都市を結ぶ高速バスが走り始めた。

道内に張り巡らされた高速バス路線

北海道では、高速バスよりも「都市間バス」と呼ばれることのほうが多い。1983（昭和58）年12月、白老ICが開通した翌日より、道南バスの室蘭《むろらん》～札幌ビジネス急行バスが運行を開始した。当初は募集貸切で運行していたが、好評だったことから定期路線となった。以降、都市間バスが次々と誕生していく。土地が広く、人口密度の偏りも大きい北海道では、鉄道路線も十分に張り巡らされているとはいえず、むしろ近年は赤字路線が廃止され、電車での移動が不便な地域も増えている。こうした状況で都市間バスは、地元の人たちにも旅行や出張の際に利用されることが多いのだという。

現在、都市間バスを運行しているのは北海道中央バス、道南バス、十勝バス、JR北海道バスなど全19社。これらのバス会社は単独運行以外にも、競合同士、互いに協力関係を築いて共同運行を行ったりもしている。例えば、1990（平成2）年に運行を開始した札幌〜帯広間を結ぶ「ポテトライナー」は、北海道中央バス、十勝バス、JR北海道バス、北都交通、北海道拓殖バスの5社で共同運行している。都市間バスは札幌・新千歳発着の便が最も多く、そのほか、旭川や釧路、留萌《るもい》発着の便もある。その数、実に55路線。まさに北海道全域を結ぶバス路線網といっていいだろう。

電車とバスではどっちが便利？

長距離路線バスが発達している北海道だが、もちろんバスと目的地を同じくする鉄道路線もある。北海道では鉄道と都市間バス、どちらが利用しやすいのだろうか。

まずは、先にも紹介した「ポテトライナー」を見てみよう。1日10往復運行しており、料金は3770円、所要時間は約4時間だ。同様に札幌〜帯広を結ぶ鉄道が「スーパーおおぞら」と「スーパーとかち」。これは1日11往復走っており、料金はバスよりも約3000円高い6700円。しかし、所要時間は2時間40分と、約半分になっている。このように安くて時間がかかるバスと、高くて速い鉄道、という構図は、目的によって乗り物を選択する際にとてもわかりやすい。札幌～函館や、札幌～室蘭なども同様に、価格はバスが鉄道の約2分の1、所要時間は約2倍となっている。ただし、札幌～函館には夜行バスがあるなど、タイムスケジュールによっては、都市間バスのほうが便利となる。

ほかの路線もこのような時間・料金体系なのかというと、そうとも限らない。

例えば、札幌～旭川の「高速あさひかわ号」は1日37往復、2060円、所要時間2時間だが、鉄道の「カムイ」「ライラック」は1日22往復、4290円、1時間30分と、料金は2倍近く違うのに、所要時間は30分程度しか差がない。札幌～釧路も価格は3000円ほどバスのほうが安いが、所要時間はバスが5時間30分、鉄道が4時間と1時間30分の違い。バスのほうが便数が多いことを考えると、バス利用の選択肢もかなり有効となる。

また、北海道最北端の稚内《わっかない》には、バスだと1日6往復、札幌から6200円、5時間50分だが、鉄道では札幌～稚内直通は1日1往復。または旭川まで行ってから、1日2往復の特急「サロベツ」に乗り換えとなる。料金は9930円、所要時間は5時間10分。所要時間の差は40分。バスのほうが便数が多く、利用しやすいことがわかる。

北海道では、相次ぐ鉄道の廃線により道内の移動がますます不便になってきている。都市間バスを目的地によって使い分けて、旅を楽しんでほしい。

◇都市間移動のバスと鉄道の比較

区間	路線名	便数（日）	価格	所要時間
札幌〜帯広	ポテトライナー	10往復	3770円	約4時間
	スーパーおおぞら、スーパーとかち	11往復	6700円	約2時間40分
札幌〜旭川	高速あさひかわ号	37往復	2060円	約2時間
	カムイ、ライラック	22往復	4290円	約1時間30分
札幌〜釧路	スターライト釧路号	5往復	5770円	約5時間30分
	スーパーおおぞら	6往復	8850円	約4時間
札幌〜函館	高速はこだて号	8往復	4810円	約5時間20分
	ニュースター号	6往復	4600円	約5時間20分
	スーパー北斗	12往復	8310円	約3時間40分

※白がバス、灰色が鉄道　※平日、普通車自由席、大人片道

●北海道中央バスの「はこだて号」。同社は道内最大規模のバス会社だ

情報を制すものは高速バスを制す！高速バスウェブメディアの活用法

日本全国、いたるところで都市と都市を結び走っている高速バス。例えば、東京〜大阪など主要都市間を結ぶ路線は、非常に多くの会社がさまざまな形態で運行しており、価格や運行時間、サービスなども千差万別。どの会社の路線を選べばよいのかわからないことも多い。

ひとつの指標となるのが価格で、まずはインターネットで検索して調べるのが一般的だろう。バス事業者のサイトでは、基本的にその会社の路線の案内しか載っていないが、最近ではさまざまな会社が運行している路線を体系的にまとめ、検索できるウェブサイトがある。

なかでも最大規模なのは、「夜行バス比較なび」。日本全国170のバス会社が運行する、計3万件以上の運行便から探せる高速バス比較サイトで、「夜行バス比較」という名前が付いているが、夜行便だけでなく昼行便にも対応。価格だけではなく、2列シートや3列シートといったシートタイプ、トイレ付きかどうか、女性専用席に座れるかどうかなど、車両のタイプ別でも検索ができる。サイトから直接予約ができるわけではないが、膨大な情報量があるサイトだ。

スマートフォンにも対応しているほか、その情報量を武器にしてｉＯＳとＡｎｄｒｏｉｄ向けの高速バス比較アプリをリリースした。

バス事業者が自ら予約サイトを運営

また、バス事業者が運営する高速バス予約サイトもある。例えば、東京に本社を置く京王電鉄バスは、「ハイウェイバス ドットコム」というサイトを運営。主に東日本エリアの路線を中心とし、山梨交通、新潟交通、濃飛乗合自動車など40社の運行路線を取り扱っている。

ほか、ウィラーも予約サイトを持っている。同社はもともとは「西日本ツアーズ」として１９９４（平成６）年に創業した旅行会社で、乗合バス事業には２０１１（平成23）年に参入した。早くから自社サイトでの販売を行っており、ノウハウを持っているのだ。自社路線だけでなく、他社路線も取り扱っている。

しかし、それらの予約サイトの情報も「夜行バス比較なび」には掲載されているため、そちらで比較してから自分にあった運行便を予約するのも良いだろう。

高速バス専門のウェブメディアも登場

「夜行バス比較なび」を運営する株式会社ＬＣＬは、２０１５（平成27）年にオウンドメディア「バスとりっぷ」のサービスを開始した。高速バスに関する最新のニュースから、お役立ち記事、乗車体験記、さらには旅に関連して宿泊施設や飲食店の紹介記事などもある、広範な話題を扱うウェブサイトだ。

高速バス利用者としては、特に役立つのが乗車体験記。バス会社で公式に見られる情報だけでは「実際に乗った印象」がわからないことが多く、設備や乗り心地の実際の様子がわかるのは非常に参考になる。値段だけで高速バスを選ぶなら前述のような比較サイトを使えばよいが、乗り心地やアメニティなど細かい部分を重視するならチェックしておいて損はないだろう。

●高速バスに関する広範な話題を提供する「バスとりっぷ」

また、バス会社キャラクターの中から人気ナンバー1を決める読者参加型の「バスキャラ選手権」も開催。多くのバス会社が参加する投票企画で、2018（平成30）年は西鉄バスの「ババ・バスオ」が優勝し、SNSなどでも話題を集めた。

実際、高速バスを専門としてニュースや各種話題をまとめたサイトは数少なく、サイトの月あたりのアクセス数は開設から約3年で10倍以上に。2018（平成30）年5月には140万PV（ページビュー）を超えた。高速バス業界は実際に運行する事業者だけでなく、情報を扱うメディアの側でも日々切磋琢磨が行われているのだ。

エリア周遊から観光付きまでお得チケットで弾丸ツアー!?

都市間移動の利便性が際立つ高速バスだが、鉄道や飛行機に比べて割安とはいえ、複数の路線に乗車するとなると、コストは膨らんでしまう。そこで、有効活用したいのが、一般路線バスなどを含めた乗り放題バスチケットや、観光施設の入場券がついたセット券といった、お得な乗車プラン。各バス会社は利用者増加などを目的に様々なプランを打ち出しており、それらを利用することで、低コストで手軽なバス旅が実現できるのだ。

西日本では、九州全域と山口県下関市周辺の高速バス、および一般路線バスのほぼ全線と、一部の船舶まで乗り放題のフリーパスチケット「SUNQ《サンキュー》パス」が便利だ。利用可能なバス路線は、実に2400路線。船舶は、熊本から島原までや鹿児島から桜島までなどの航路を使える。そして、実は「SUNQパス」を購入すると、利用可能なバス一覧などが掲載されたガイドブックが無料でもらえる。パス1枚とガイドブックがあれば、九州内どこでも自由に移動可能！　と言っても過言ではないのだ。

周遊パスで自由自在の旅程を組む！

例えば、「全九州＋下関3日間周遊」パスの場合、西鉄と宮崎交通が運行する「ごかせ号」に乗って、福岡県の西鉄天神高速バスターミナルを出発し、宮崎県の高千穂《たかちほ》へ。高千穂を観光してから、また「ごかせ号」で延岡《のべおか》まで行き、1泊。翌日は、宮崎交通「ひむか」で宮崎駅へと向かい、宮崎駅からは宮崎交通「はまゆう」を使って、鹿児島中央駅で下車。鹿児島市を満喫して宿泊する。3日目の最終日はまず、産交バス「きりしま号」で熊本交通センターへ。熊本観光をしたら、産交バス「高速ひのくに号」で博多天神高速バスターミナルに戻り、九州1周は達成だ。4日間周遊パスを使えば、大分や長崎を組み込むこともできるだろう。

ほかにも、うまく日程を組めば、福岡から天草や熊本城を巡り、最南端の鹿児島県佐多岬まで到達する弾丸ツアーなど、お好みでルートをコーディネートできる。チケットの種類は対象エリアや有効期間で全4種類あり、価格もそれぞれ設定されているので、旅の目的に合わせて使いこなせば、一層お得だ。

また、北海道では、「ぐるっと道央バスセット券」がほぼ毎年、夏季にあたる6月頃から9月頃までの期間限定で発売されている。札幌〜旭川間を運行する「高速あさひかわ号」、旭川〜富良野《ふらの》間運行の「快速ラベンダー号」、富良野〜札幌間運行の「高速ふらの号」の片道券3枚がセットになっており、有効期間は3日間。各区間の乗車券をそれぞれ購入するより、料金も割安だ。各区間とも運行本数は多く、北海道の夏をたっぷり味わう気ままな道央旅行が楽しめる。

北海道ではほかにも、北海道中央バスとニセコバス後志《しりべし》管内路線が2日間乗り放題の「ぐらんぶる・しりべしフリーきっぷ」もある。札幌〜小樽間の「高速おたる号」、札幌〜積丹間の「高速しゃこたん号」などが利用でき、積丹半島1周やニセコ満喫コースなどがモデルコースとして考えられる。2018（平成30）年は4月から10月までが発売期間だ。

観光地とセットでさらにお得に!?

お役立ち系バスチケットは乗り放題チケットだけでなく、観光施設とタイアップしたバスチケットも有効に活用したい。

富士山麓の遊園地「富士急ハイランド」を目的地に、関東エリア、静岡エリア、名古屋、飛騨高山、京都、大阪から直行バスで行く富士急行バスの「得Q《とくキュー》パック」が代表例。高速バス往復乗車券と富士急ハイランドフリーパス1日券がセットになっていて、富士急ハイランドを遊び尽くして帰って来ることができる。富士急ハイランド近隣のホテルへの宿泊もつければ、さらに、お得度UP。東京からは、日帰りバスツアー「Fu・ji・Qライナー」などもあるので、日程に合わせて選ぼう。

また、西日本では、高松エクスプレスの高速バス「フットバス」も、瀬戸内海を渡っての大阪・神戸と香川県高松市の弾丸ツアーにもってこいのセット券を販売している。淡路島を経由する大阪・神戸〜高松間のフットバスと、小豆島を経由する高松〜神戸間のジャンボフェリーの組み合わせ。これをフル活用すれば、深夜にフェリーに乗り込み、翌日には香川県でうどんをお腹いっぱい食べて、高速バスで大阪・神戸に帰るスケジュールも実現できる。瀬戸内海を海路と陸路で味わえてしまうのも、このセット券の醍醐味といえるだろう。

フリーパス乗車券も、観光地を巡るセット券も、季節限定発売のレアチケットが発売されることがある。観光シーズンが到来したら、ぜひ希望エリアのバスチケットをチェックしてみてほしい。

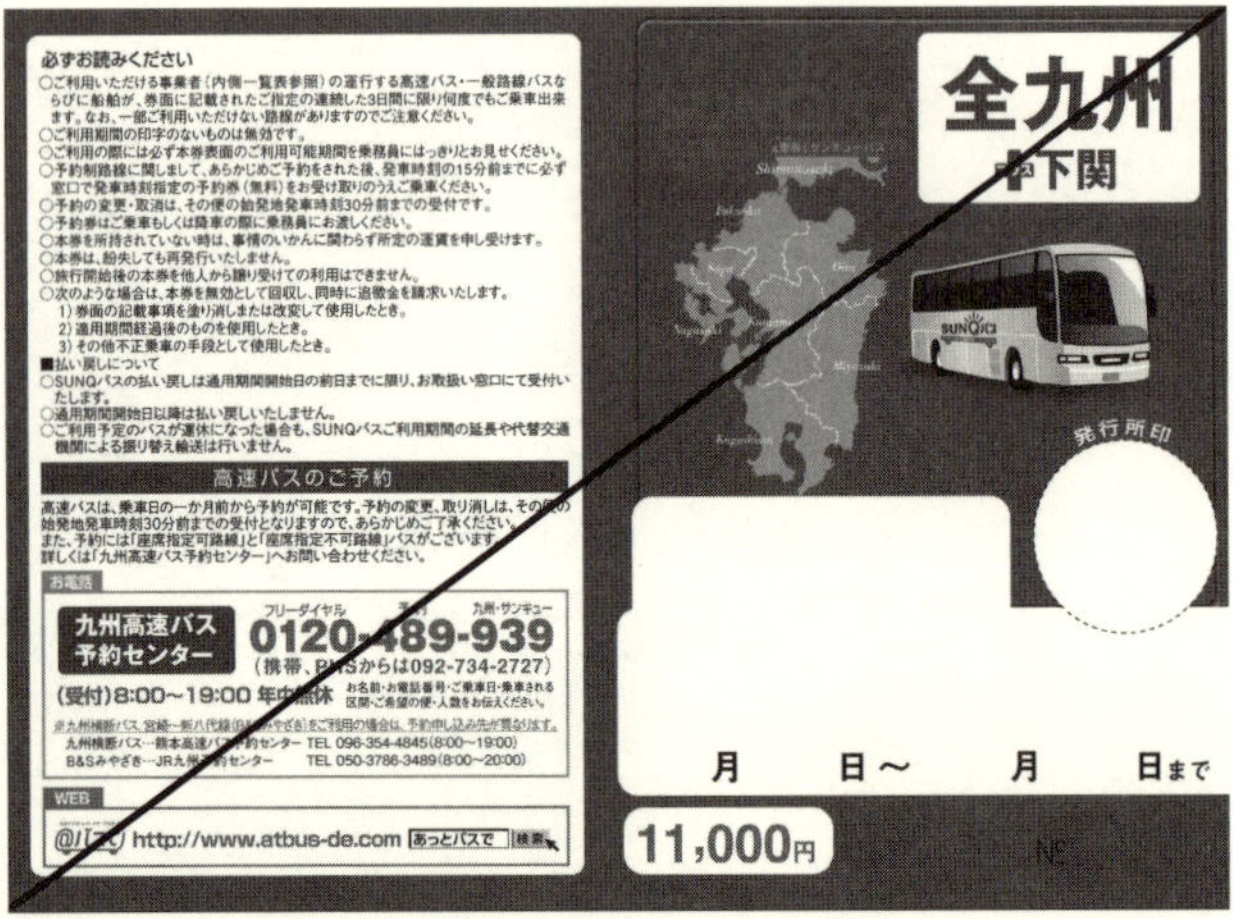

● SUNQ パスとガイドブックで九州バス周遊プランを立てよう

●ポテトライナーの往復と十勝観光をセットで販売

高速バスの常識を打ち破る豪華さ！ 各社を代表するプレミアムバス

高速夜行バスでは初めての個室型シートを採用した海部観光の「マイ・フローラ」（P・36参照）が運行を開始したのは、２０１１（平成23）年のこと。それ以降、単なる移動手段としての夜行高速バスから、「移動時間をより快適に過ごしてもらう」ことをコンセプトとしたプレミアム仕様の高速バスが、次々と登場。夜行高速バスの新時代が訪れた。

日本最多の高速バス路線数を誇るＪＲバスグループでは、「プレミアムドリーム号」が挙がる。ダブルデッカー車両（2階建てバス）で、1階席と2階席にそれぞれ異なるクラスのシートを備えている。１階席の独立2列のプレミアムシートは座面60㎝、リクライニング角度１５６度と、座席まわりのゆとりはまさにプレミアム。さらに各座席にフルセグ対応のテレビモニターも装備され、マイカーテンを使用すればプライベート空間を確保できるので、テレビを視聴しても近隣席への影響はない。

ＪＲバスもうひとつのプレミアムバスは「グランドリーム号」だ。夜行高速便だけなく、昼行便としても運行されている。

新型クレイドルシートは、背もたれを倒すとフットレストが連動して持ち上がり、身体とシートのフィット感がある。座面は46・５㎝だが独立型３列シートのため、隣席との間に腕が1本入るほどの間隔があり、２列席でも余裕がある空間が提供されている。

さらに、２０１７（平成29）年4月には、ＪＲバス最高クラスの「ドリームルリエ号」が登場した（Ｐ・16参照）。

プレミアムバスの宝庫⁉　ウィラーエクスプレス

ウィラーエクスプレスには、驚くほど豪華車両が多い。それは社が持つビッグデータに裏付けられたものだった。バスを予約する際、利用者はインターネットで個人情報を入力してチケットを手に入れることが多いが、この時のデータを集積し、利用者の意識調査に役立てている。利用者のニーズを車両設備に反映させる努力が、より快適に、より豪華に、という高速バスの進化につながった。

高速バスの利用者の過半数は男性が占める中、ウィラーでは男女比が逆転しており、女性の割合は65％にもおよぶ。利用者のニーズに応え、女性にもより需要が高いサービスや車両も生み出しているのだ。

ハイクラスバス「コクーン」は、２０１４（平成26）年のデビュー。2列独立シートを採用し、航空機のビジネスクラスをイメージさせるシートは進行方向正面ではなく、斜め内側に向いている。後方座席の人に気兼ねせずにシートを倒したい、というニーズが具体化したシートだ。リクライニング角度は最大１４０度で、ゆりかご電動リクライニングという機能も加えられている。

２０１６（平成28）年には、内装にこだわった「ラクシア」が登場した。3列独立型のシートは電動ゆりかごリクライニングを装備して、操作はすべてシートのボタンだけでコントロールができる。さらに最大リクライニング１４６度に、シート幅51・5㎝。ベッドに横たわって寝返りが打てるような体感が得られる。

車内には木目調を活かしたフローリングの床と、同系色で揃えられたシートが備え付けられている。リビングでくつろいでいるような居心地の良さを乗客に感じさせる造りになっている。

愛称「ラクシア（Luxia）」は、「Luxury（贅沢）」と「楽」「幸せ」からのネーミングだ。2017（平成29）年には「リボーン」も登場。座席左右をシェルで覆い、前後左右の客がまったく気にならない構造になっている。

豪華バスと新幹線のどちらを取るか？

徳島に本社がある海部観光もそんな会社のひとつで、2014（平成26）年4月に運行をスタートした「マイ・フローラ」は、夜行高速バスとして初めての個室型シートを採用した車両だ。

これらのプレミアムバスを、メディアでは新幹線と同等もしくはそれ以上に高価だと報道し、そのメリットを伝えてきれていないケースがある。

例えば、JRバス「ドリームルリエ」のプレシャスクラスは1万8000円。新大阪から新幹線に乗車して東京のホテルに宿泊した場合、どれだけ安くても2万円はかかるだろう。こう見ると、夜行高速バスが決して高額とは感じないはず。移動時間を楽しめる人とそうでない人で、価値観の分かれるところだろう。

●ウィラーの「コクーン」車内。座席はシェル型で半個室空間

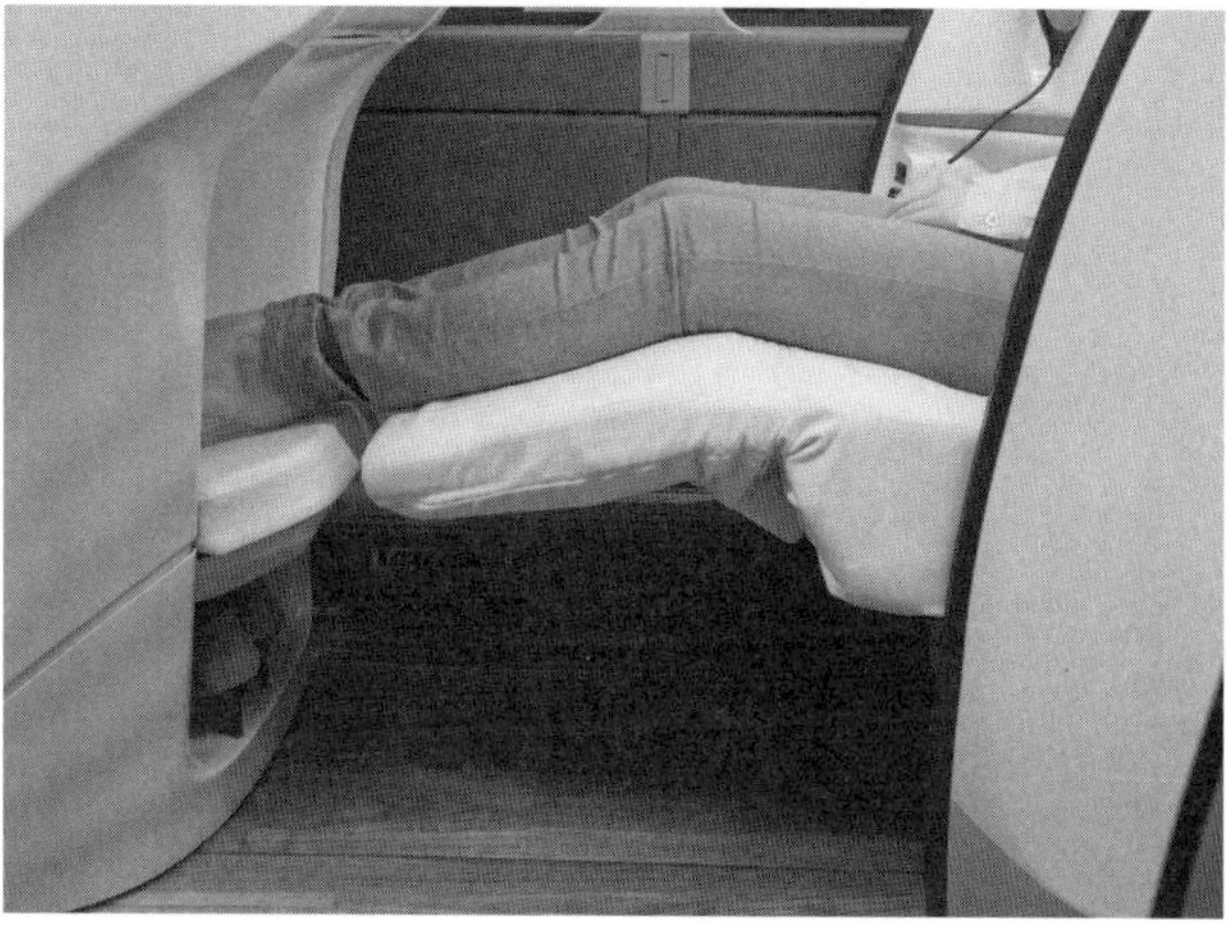

●フットレストとレッグレストが連結するようになっているウィラーの「リボーン」

ミニ枕にマッサージ機!! アメニティの進化は止まらない!?

国土交通省の調べによると、新規参入が進む高速バス業界は、2015（平成27）年時点で事業者数387社、運行系統数5247便、年間輸送人員数1億1574万人で、統計を取り始めて以降、いずれも過去最高を記録している。

あるアンケート調査によると、アンケート回答比率は女性が70%を占めており、高速バスの女性利用客が劇的に増えていることがうかがえる。各バス会社は女性専用席を設けるなど、女性利用客の取り込みに力を入れているが、アメニティやサービスの充実も女性をはじめとした利用客へのアピールには、欠かせなくなっている。利用客の増加と比例するように、近年の高速バスは目を見張る進化を遂げているのだ。

メジャーなアメニティやサービスとして挙げられるのは、ブランケット貸出、スリッパ、おしぼり、ペットボトルの水・お茶。耳せんやアイマスクも人気のアメニティ。車内泊もある長時間移動だが、プライベート空間が確保しにくいことが、高速バスの難点。耳せんやアイマスクは、周囲をできるだけ気にせず過ごすためのマストアイテムとなってきた。

また、意外と重宝するのがハンガーが使える高速バスだ。ビジネスマンのスーツなど、しわがつくのを避けたい衣類をかけておくことができる。バスによっては、窓側の席のみのサービスなど利用に制限がある場合も考えられるので、ハンガー利用を希望する際はシート予約で注意が必要だろう。

まるでホテルのような豪華アメニティも

最近は、ドリンクのセルフサービスが備わった路線もある。香川県の琴平バスが運行する高速バス「コトバスエクスプレス」は、快適性の高いタイプのシートが人気だ。そのうちの上級グレードである「プレミアム3」と「スーパーシート」には、ホットドリンクのドリンクバーがついている。

一方、車内設備の傾向としては、コンセント付きシートかどうかが重視されている。コンセントがあれば、長時間乗車でスマートフォンを使い過ぎた時でも、充電ができて安心。快適性が格段に高まるのだ。さらに近年は、バス車内でもインターネット環境の整備が進み、フリーW-iF-i対応のバスが増えてきた。

こうしたアメニティや設備は今や、高速バスでは必須になりつつあるのだが、中には、これまで述べたアメニティの種類もレベルも上回る、ワンランク上のラグジュアリー性に優れたVIPバスも多い。例えば、さくら観光の「さくらクオリティエクスプレス」は、なんと座席がマッサージチェアになっている。角度140度のリクライニングは電動式。スリッパのほか、トラベルピロー、アイマスク、耳せんと快眠を目的としたアメニティもひと通り揃い、乗車時間は仕事や観光で疲れた体のケアタイムに早変わりするのだ。

女性に嬉しいワンランク上のサービス

大阪～東京間を運行する女性専用高速バス「プルメリア」は、女性の車中泊を考えたサービスが人気を博している。全シートが低反発素材製で、朝までゆっくりと休める。同じく低反発のミニ枕も用意されている。ハート柄のかわいいデザインは、プルメリアのオリジナル。車内用ルームウェアもあるので、車内泊でも衣類のしわを気にする必要がない。お休み前のケアに重宝する、使い切り歯ブラシも嬉しいアメニティだ。

ウィラーエクスプレスの「ボーテ」は、「美」を意味するフランス語をバス名としているだけあって、女性の美にこだわったアメニティやサービスが満載の高速バスだ。レッグレストは温熱ヒーター内蔵、シートには足のむくみを解消するコロコロマッサージ器が備わり、美肌効果が期待できる高濃度イオン発生機まで完備されている。20代女性のユーザーが圧倒的に多いのも、頷けるというものだ。

アメニティとは少々毛色が異なるが、高速バスの待合所も進化が著しい。中でもＶＩＰライナーの待合所「ＶＩＰラウンジ」は、東京・京都・大阪・名古屋に全6カ所あり、いずれもアイテム充実のパウダールーム、着替えができるフィッティングルーム、無料のフットマッサージ機など至れり尽くせり。各待合所のうち、「東京ＶＩＰラウンジ」は仮眠ができる畳の小上がり、お座敷ルーム、大広間とバラエティに富んだスペースが用意されている。シャワールームや蔵書１２００冊という漫画コーナーもあり、乗車予定のバス時間まで過ごし方は自由自在だ。

待合所から車内まで、利用客の利便性を追求したアメニティやサービスが次々と登場する高速バス業界。次はどんなアメニティが提供されるのか想像しながら乗車するのも、高速バスの楽しみ方の一つなのだ。

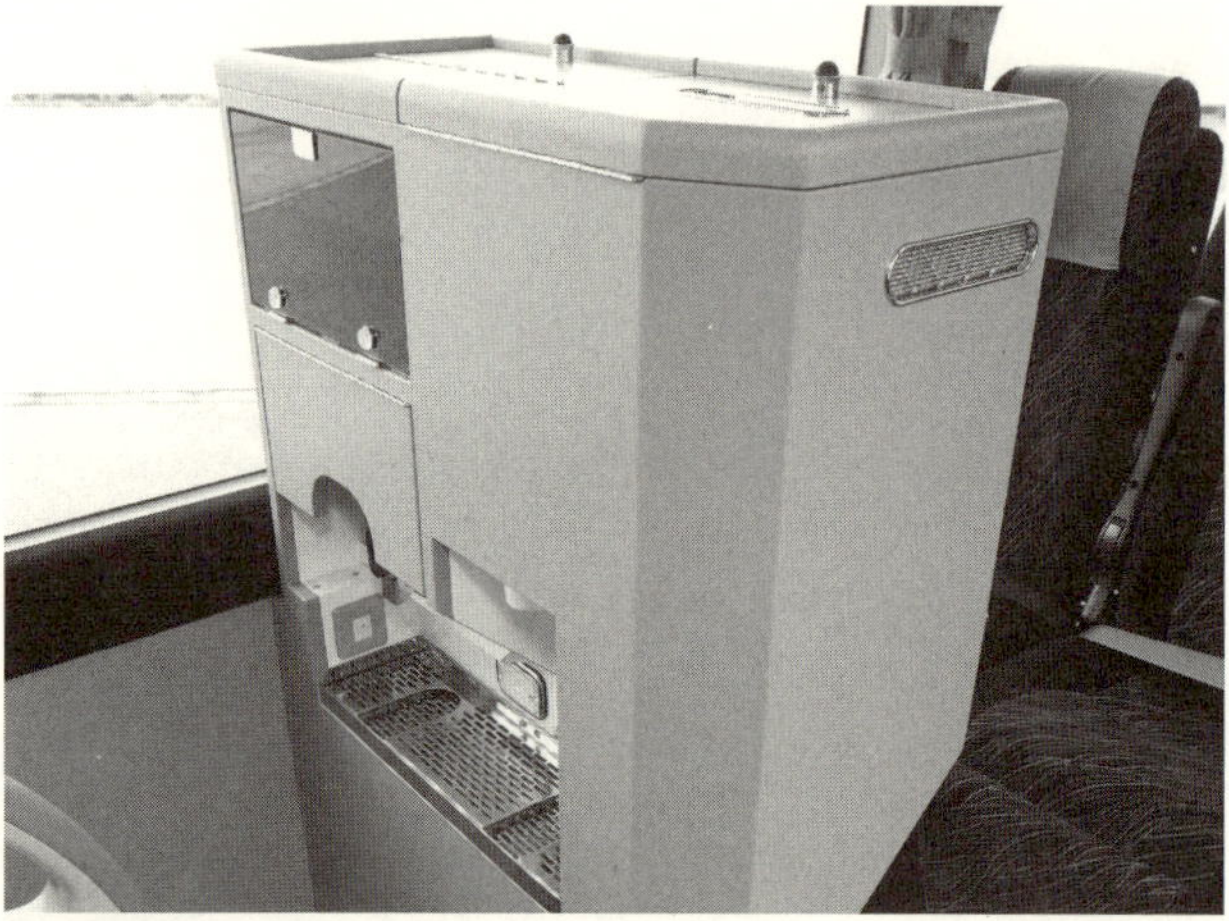

●一部車両でドリンクコーナーがある「コトバスエクスプレス」

●「さくらクオリティエクスプレス」は手元のボタンで電動マッサージができる

スノーボードは乗せられる？ややこしい「荷物持ち込み」のイロハ

高速バスを利用する際、基本的には長距離移動がメインとなるので、持ち込む荷物が多くなるのは必然だ。大きなスーツケースなどはトランクに預け、手荷物は持ち込んで座席上の棚に置く、というくらいの知識はあるが、持ち込める荷物の具体的な大きさや種類などの規定については、あまり知られてないのではないだろうか。

実際のところ、乗客の荷物の持ち込みについて個別かつ詳細に定めた法律は存在せず、各バス会社に委ねられている。例えば、オリオンバスではサイズが50㎝×60㎝×120㎝以内で重さ30kgまで、ウィラーでは縦・横・高さの合計が155㎝までと、規定にかなり差があるのがわかる。3辺の合計155㎝というと、だいたい1週間以上の旅行に対応できる大型スーツケースがギリギリ持ち込める計算だ。

また、サーフボード、スキー板、ゴルフバッグなど、極端に長いものは多くの場合不可。ただし、有料での積み込みを受け付けている会社もある。代表的なのがジェイアールバス関東で、一部路線に限り500円でトランクに積み込みが可能。さらに同社では、スキー、スノーボードを無料で取り扱ってくれる路線もある。

持ち込める荷物の個数に制限がある会社もよく見られる。多いのは、「原則1人1個まで」という表現。2個以上持ち込んだからといって即時乗車拒否されることは考えにくいが、常識的な判断が必要だろう。

ペットはトランク？　荷物の種類でも差が

また、持ち込む荷物の種類にも各会社で制限がある場合がある。最もよく見られるのは、貴重品や精密電子機器、あるいはほかの荷物が汚れる可能性のあるものをトランクに入れてはならないという規定だ。逆に車内への持ち込みができず、トランクに入れなければならないものの代表例が刃物。ほか、花火や灯油など引火性のもの、強い臭気を発するものなどは車内、トランクどちらにも持ち込めないことが多い。いずれの場合にも共通しているのは、「無用のトラブルや危険を避ける」ということだ。

基準は各会社でバラバラ、という話になってしまったが、法律的な根拠がある規定も存在する。それは身体障害者補助犬法に定められた補助犬の規定で、電車、バス、タクシーなどの公共交通機関は補助犬や盲導犬を受け入れる義務がある。実際、補助犬の乗車を拒否する高速バスは存在しないといっていいだろう。

それではペットについてはどうだろうか。この場合、大きな分かれ道となるのは夜行便か昼行便かだ。昼行便ではケースに入れたペットに限り車内に持ち込めるが、夜行便では一切不可という場合が多い。乗客のほとんどが眠っている夜行便で、大きな声を出す可能性がある動物は乗せるべきではない、という判断だろう。ジェイアールバス関東、西日本ジェイアールバス、ウィラーなどがそうだ。また、西鉄バスや九州産交バスでは、車内への持ち込みは一切不可で、昼行便に限りトランクへの持ち込みが可能とされている。

荷物だけを運ぶ高速バスもあった!!

特殊な例でいえば、自転車の持ち込み（輪行）がある。サイクリストには残念なことだが、現状、輪行袋に入れたとしても自転車を持ち込めるバスはほとんどないといっていいだろう。だが、それを逆手に取ったのがおのみちバスの「しまなみサイクルエクスプレス」。尾道〜今治間を2250円で結ぶバスで、名称でもわかる通り「自転車を積めることを最大の売りにしており、そのうえ積載は無料（要予約）。絶景のサイクリングロードとして名高い「しまなみ海道」に来るサイクリスト需要を見込んでの運行だ。2014（平成26）年の運行開始にあたっては、座席間が通常より5〜10cm広く、補助席がない専用車を購入し、尾道市が2000万円を補助した。

このように、高速バス車内やトランクに持ち込める荷物の大きさや種類は、各会社の規定や場合によってさまざま。自分が持ち込みたい荷物に合わせて情報を確認し、上手に高速バスを選ぶことが肝要だ。

余談だが、高速バスと荷物に関する面白いサービスがある。それは西鉄バスの「高速バス・特急バス小荷物輸送サービス」に代表される、荷物のみの輸送サービス。西鉄バスの場合、福岡の天神高速バスターミナルから発送した荷物を高速バスのトランクに入れて運び、各地の営業所やバスターミナルで受け取れる（あるいはその逆）というものだ。

メリットとしては、発着時刻がわかっているため、発送した荷物をその当日に確実に受け取れるということ。2017（平成29）年2月からはサンデン交通と共同運行の「福岡〜下関線（ふくふく号）」でもサービスを開始し、最短2時間で荷物を受け取れる。

●「しまなみサイクルエクスプレス」では座席に自転車を固定して運ぶ

●通常このように２スパンだが、３スパンの大容量トランクがつく車両もある

高速バスのおともにどうぞ！駅弁ならぬ「バス弁」とは!?

流れる景色を堪能しながらご当地の味を堪能できる駅弁は、鉄道旅行には欠かせないアイテム。しかし実は高速バスの旅でも、駅弁ならぬ「バス弁」を楽しめるところがあるのだ。

まずひとつは、会津乗合自動車（会津バス）と割烹「田季野《たきの》」が共同企画したバス利用客向け弁当「割烹 田季野 バス弁当」。2018（平成30）年3月9日より、若松駅前バスターミナル内のショップで販売を開始した。弁当には3種類あり、ひとつは元祖輪箱飯《わっぱめし》を冠する田季野の名物輪箱飯、そして地場産の食材を使用した天ぷら弁当、そして会津のご当地グルメとして知られるソースカツ弁当。

若松駅前ターミナルは会津バスの高速路線の拠点であり、ここから東京、仙台、新潟など、各都市にバスが出ている。バス車内で会津の味を楽しみ、旅情に浸ろう。数に限りがあるので、予約するのが無難だ。

最もよく知られていたのは、しずてつジャストラインの「静岡～甲府線」で販売されていた高速バス限定・予約制の「バス弁」。調製元（弁当の製造元）は静岡駅弁の「東海軒」だ。バス型のペーパークラフト容器の中には、黒はんぺん・桜エビ等の静岡名物が満載。高速バス専用の弁当は日本初だったのだが、残念ながら2018（平成30）年4月をもって販売終了となってしまった。

また、こちらもすでに販売を終了しているが、2004（平成16）年に西鉄天神バスセンター（現在は西鉄天神高速バスターミナル）で販売を開始した「バス弁」も有名。近年までローソンで売られていた。

ただ、各地の高速バスターミナルで売られている各種弁当は明らかに高速バス利用者向けのものであり、広義には「バス弁」として販売されているといってもいいだろう。

日本一有名な駅弁も高速バスで食べられる！

また、高速バス専用、あるいは高速バス向け商品でなくとも、「駅弁」がバス車内で楽しめる路線は数多い。

群馬県と長野県の境にある標高960mの碓氷峠《うすい》。その途中にある横川SAでは、新宿~長野線など多くの高速バスが途中休憩に使用している。ここでは、「日本一有名な駅弁」といっても過言ではない「峠の釜めし」が購入できる。それもそのはず、横川SAの経営が調製元(駅弁の製造元)の「おぎのや」なのだ。

峠の釜めしが発売されたのは1958(昭和33)年のことで、具は鶏とごぼうの煮物、うずら卵・タケノコなど10種類。信越本線の横川駅~軽井沢駅は長野新幹線の開業とともに1997(平成9)年に廃止になったが、この灯を絶やさないために、当時開設されたばかりの横川SAで販売が始まった。SA内にはおぎのや経営のレストラン・ベーカリー・みやげ物屋もあるので、一緒に「峠の釜パン」「峠の焼きまんじゅう」等も楽しめる。また、食べ終わった後の益子焼の器を捨てる場所もあるが、この器でご飯が炊けたり、料理に使えたりと万能なので、せっかくなら持ち帰ることをすすめる。

天皇陛下に愛された駅弁? 幻の味が復活!

東北道・上河内《かみかわち》SA下り線では、渋滞の名所でもあるせいか、高速バスがよく休憩で停まる。実はここでは、このＳＡでしか買えない駅弁が販売されている。その名も「九尾《きゅうび》すし」。調製元は「フタバ食品」だ。

フタバ食品はもともと東北本線・黒磯駅の駅弁販売で名を馳せていた。難所として知られる「白河越え」の手前にある黒磯駅は電化の交流・直流の切替ポイントがあるために、長距離列車は必ずここで機関車を付け替えねばならず、横川駅と同じように長時間の停車中に駅弁がよく売れていたのだ。聞くところによると、昭和天皇もこの駅弁が大好きだったとか。

東北新幹線の開業とともに長距離列車が廃止され、普通列車の乗り継ぎ時間も減り、かつては首都圏にも工場があったこの駅弁も２００５（平成17）年にその歴史に幕を閉じた……かと思われたが、当時の味を懐かしむ要望に応えて、なぜか上河内ＳＡでのみ販売が始まったのだ。

「新しい食文化を想像する」とホームページに銘打つフタバ食品だけに、中身もチーズ寿司やチャーシュー寿司など。これほど斬新な駅弁を、１９５７（昭和32）年に発売していたのは驚きだ。できれば開封は40分ほど待ち、白河インターを過ぎたあたりで、車窓右側遠くに並行する東北本線を眺めながらいただこう。

●田季野バス弁当の輪箱飯。山菜やサケが入っている

●しずてつジャストラインのバス弁は、パッケージが非常に凝っていた

第3章

車両の不思議と謎

「危険な乗り物」とは思わせない！高速バスの様々な安全対策

近年、高速バスやツアーバスに関わる悲惨な事故が相次いだこともあって、「高速バスは安全性が低い」という認識をもっている人もいるかもしれない。100％は難しいにせよ、高速バスの安全性は決して低いものではない。事故を受け、国土交通省でも様々な規制を強化したほか、以前からバス業界、そしてバスメーカーの安全に向けての努力が続いている。高速バスの安全性は、たゆまぬ努力で日々進歩しているのだ。

高速バスは、高速で長距離を走行することから、街中を走る路線バスとは異なる次元の安全性を求められる。そのため、ハンドルを握る運転士にも、それなりの技量と適性が求められるのだ。路線バスや貸切バスを営んでいる事業者であれば、高速バスには一定の経験を路線バスや近距離の送迎などで積んだ、運転士の中から選抜・登用されることが一般的だ。登用後は、高速バスを運行するための研修を受け、ようやく高速バスに乗務できる。中途採用でもそれなりの経験を求められるので、そもそも高速バスに乗務すること自体が

「選ばれた」存在ということなのだ。

運転士の健康状態も徹底管理！

また、最近では運転士の健康状態に起因する事故例もあるため、そうした芽を摘み取る取り組みも行われている。日々の乗務前点呼による、対面確認やアルコールチェックは当然のことだが、それだけでは分からないこともある。そこで、突然発症しやすい心疾患や脳疾患、居眠り事故の原因となる睡眠時無呼吸症候群などについての検査を義務付けたり、検査受診を支援し早期発見に努めることで、事故のリスクを減らそうという動きが広がっている。

さらに一歩踏み込んだ動きを取っているのが、高速バス大手のウィラーエクスプレスだ。2018（平成30）年に東京都内に新設した乗務員宿泊施設に検診施設を整備し、バス事業者では初めてパソコンやスマホを活用した「スマート脳ドック」も導入。併設のカフェテリアでは、野菜が多いヘルシーメニューを提供することで、運転士の健康管理への寄与を図っている。

加えて、同社は脈を計測する眠気検知装置を導入しており、異状があれば運転士はもちろんのこと、営業所の運行管理者にも通報される。それによって休憩の指示を出したり、運行データもあわせて収集することで運行シフトやルート見直しにも役立て、居眠り事故の防止を図っているのだ。

高速バス車両が備える最新の安全装備

高速バスの安全は「人」だけでは守れない。バス車両そのものの安全対策と疲労軽減対策も、日々進歩している。例えば、かつてのバスはマニュアル車が主流だったが、最近の新しいバスは運転の負担がより少なくてすみ、シフトチェンジやクラッチの操作なしで適切な走行モードを維持でき、かつ手動でも走行モードを変えられるＡＭＴ車が一般的となった。

最近の新しいバスであれば、安全運転をサポートする様々な装置も搭載されている。代表的なのが「衝突被害軽減ブレーキシステム」だ。メーカーによって若干の違いがあるものの、車間距離をミリ波レーダーで常時監視し、もし衝突の恐れがあれば運転席に警報を鳴らすとともに、ブレーキを作動させる点は共通。これによって、万一衝突した際の衝撃を最小限に抑えることができる。

また、漫然運転による事故を防ぐため、カメラで運転士の顔の状態を常にモニターしている「注意力警報」システムもある。このシステムでは、注意力が低下していると判断されれば、運転席に警報を鳴らすほか、日野自動車の「ドライバーモニター」では衝突の可能性が高まると先述の「衝突被害ブレーキシステム」が作動。また三菱ふそうトラック・バス「MDAS-Ⅲ」では、車線を逸れた際に逸れた側のスピーカーから警報を鳴らすなどして、事故を未然に防いでいる。

万一に備え自動消火装置がついた車両も

そのほか、最近ではマイカーでも一般的になった「ドライブレコーダー」や、走行状況を記録する「デジタルタコグラフ」も、安全対策には欠かせない重要な機器だ。これらは万一の事故の際に役立つだけでなく、例えばドライブレコーダーはいわゆる「ヒヤリ・ハット」事例の見本として、デジタルタコグラフは個々の運転士の特性を見る手段として、普段から定期的に実施される高速バス運転士の安全教育・研修のために大いに活用されている。

高速バスの事故としては、衝突事故に加え、過去にはエンジンからの火災事故も発生している。火災事故の場合、延焼すれば大惨事になりやすい。そこで、最近の新しいバスでは、エンジンルームに自動消火装置を装備し、万一出火した際は自動的に消化剤等が噴射され火を消し止めるようになっている。もちろん、そういった事故にならないように、日ごろからの点検整備を確実に行っていることはいうまでもない。また、高速バス、特に中長距離の路線は走行距離が多くなるので、新車への買い替えサイクルが早い。そのため、リスクの少ない新しい車両が早く導入されるのだ。

安全対策として、乗客の立場でもできる簡単なことがある。それはシートベルトの着用だ。最近のとある大事故でも、死者・重傷者の多くがシートベルトを着用していなかった、という報告があった。バスでは腰を固定する2点式シートベルトが主流だが、最近は乗用車同様の3点式シートベルトを全席に装備した車両も登場している。高速バスではシートベルト着用のアナウンスが必ずといっていいほど流れるが、ぜひ面倒くさがらずにシートベルトを着用していただきたい。

●運転手の顔の方向や視線をカメラで確認し、ディスプレイに表示するドライバーモニター

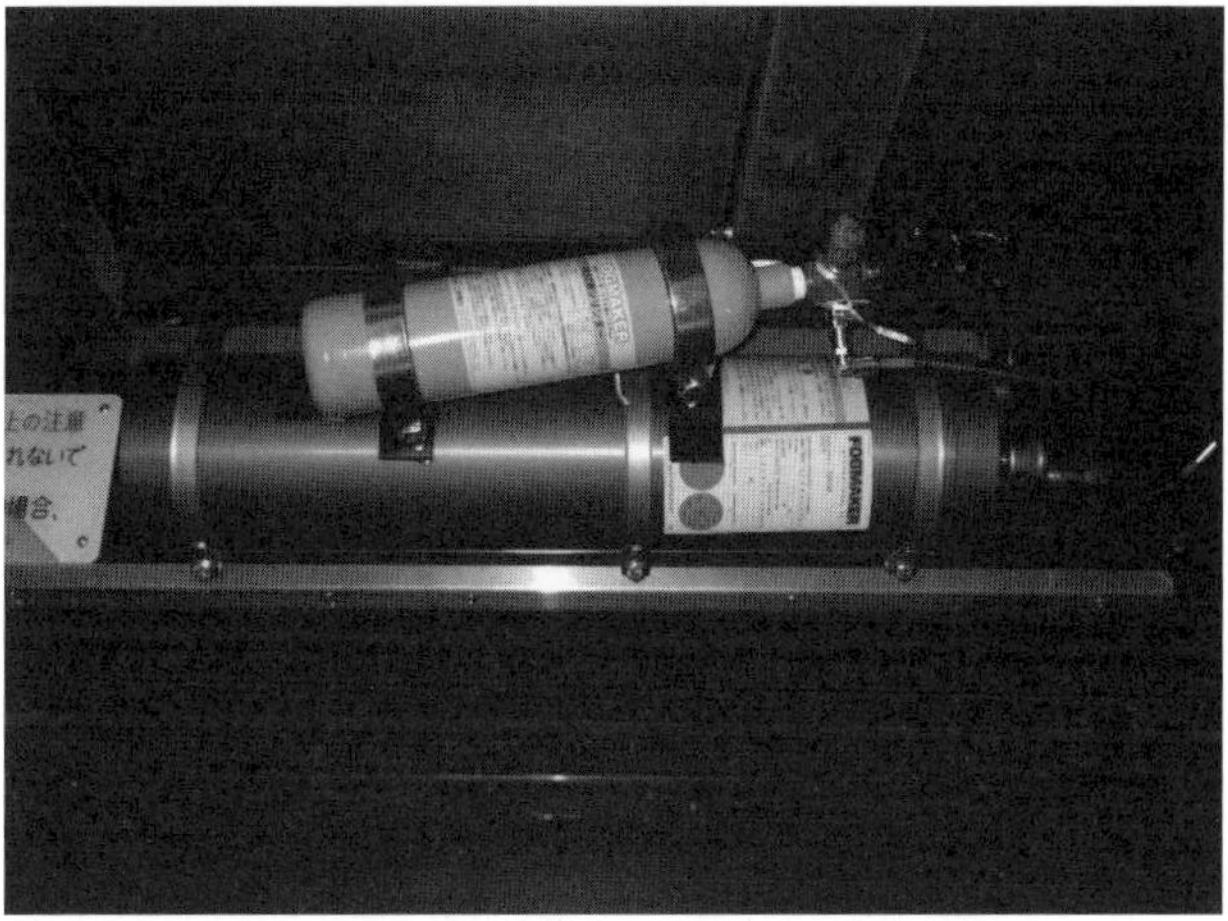

●エンジンルームで異常を感知すると自動的に消火する車両火災自動消火装置

別会社なのにデザインが同じ!? 車両カラーリングの奇妙な一致

バス車体のデザインやカラーリングには、各会社の個性が出ていておもしろい。街中を走り目にとまるバスのデザインは、まさにバス会社の顔。個性豊かな意匠やカラーで彩られたバス車両を見たときに受ける印象は、ブランドイメージを左右するとまでいってもよいだろう。

これだけ多くのバス会社が存在する日本では、よくよく見てみると別の会社同士で似たようなカラーリングのバスを走らせていることがある。

例えば、西武バスと伊豆箱根バス。白地に上から青、赤、緑の三色の帯を配したデザインで、さらにレオマークがあしらわれている。これは埼玉西武ライオンズのチームカラーとして長年親しまれた、「ライオンズカラー」と呼ばれるデザインだ。採用以来、西武グループ各社のさまざまな施設に使われることになり、グループ企業である伊豆箱根バスもこれを採用したのだ。

西武ライオンズは2009（平成21）年に、チームカラーを「レジェンドブルー」と名付けた紺色に変更し、その後に導入された西武バスの「Lions Express」などではそちらが導入されるようになった。そのため今日ではライオンズカラーの車両は少数派となっており、今後も世代交代が進んでゆくだろう。このほかにも近江鉄道、西武観光バス、湖国バスなどでライオンズカラーの車両（路線バス車両含む）が導入されたが、いずれもすでに希少な存在だ。

分け方は鳥の数？　微妙すぎる違い

西武グループはグループ企業同士という特性上、カラーリングが似てくるのもわかる。だが、ほとんど無関係にもかかわらず、デザインがそっくりなバスがある。瀬戸内運輸の「パイレーツ号」と、徳島バスの「エディ号」だ。どちらも白地に青と緑が塗られ、中央を波打つ白いラインが走っているのが特徴。両者にほとんど違いはなく、知っていないと一目で見分けるのは難しいだろう。

瀬戸内運輸は愛媛県今治《いまばり》市に本社を置き、東予《とうよ》地区を中心とした路線バス事業や、東京、大阪、福岡など各都市と今治を結ぶ高速乗合バスを運行するバス会社。「パイレーツ号」は今治～東京を約12時間で結ぶ路線の名称で、東京都に本社を置く東急トランセとの共同運行だ。

徳島バスは徳島県最大のバス会社で、設立は1947（昭和22）年。高速バス路線は11本あり、そのうちの「東京～徳島線」が「エディ号」。どちらも東京と四国を結ぶということくらいしか共通点はないように見えるが、ではなぜここまで似通ったデザインになっているのだろうか。

実は、いずれも路線の運行開始が1989（平成元）年。しかも、それぞれ京浜急行電鉄との共同運行という共通点があった。当時、カラーリングに関して決定権を持っていた京浜急行側が、どちらにも共通のデザインを採用。その後2003（平成15）年には京浜急行電鉄のバス部門を承継して京浜急行バスが設立され、さらに「パイレーツ号」では2016（平成28）年に東急トランセとの共同運行に変わったが、現在まで同じデザインが両路線の標準カラーとして承継されているのだ。

そんな両路線だが、よく見ればデザインの違いもわかる。「エディ号」には「ＥＤＤＹ」、「パイレーツ号」には「ＰＩＲＡＴＥＳ」と車体に英語で書いてあるほか、図柄が「パイレーツ号」では鳥が1羽と帆船なのに対し、「エディ号」では鳥が2羽と渦潮となっている。

瀬戸内のグループ企業にも似たカラーリング

瀬戸内運輸では、高速バスのカラーリングを基本的に「パイレーツ号」のものに統一しているが、関連会社の瀬戸内海交通でも同様のデザインのバスが走っている。瀬戸内海交通は瀬戸内運輸などの出資により、1957（昭和32）年に「大三島観光交通」として設立され、現在では主にしまなみ海道の大三島、伯方島、大島の3島で路線バスを運行している会社だ。

そんな瀬戸内海交通は、今治~大島間を結ぶ急行便の路線を持っており、その路線の専用車が同じように白地に青と緑、そして中央に白いラインが走るデザインとなっているのだ。ただ、白のラインは「パイレーツ号」よりも激しく波打っており、また、濃いブルーが加わって3色になっていて、より荒々しい印象を受ける。ひょっとすると「瀬戸内海の島々を走るバス」らしさが表現されているのかもしれない。

●徳島バス「エディ号」の車体には鳥が２羽描かれている

●瀬戸内運輸の「パイレーツ号」。デザインがかなり類似している

珍しい小型車両の高速バス路線はバス会社の努力と工夫の結晶だった！

高速バスというと、大型観光バスをベースとして、トイレやワンマン機器を取り付け、路線の用途に合わせたシートが取り付けられているのが一般的。以前、高速路線の開設ブームといえる時期が何度かあり、様々な路線が開設されたが、なかには期待空しく高需要とは程遠い路線もあった。かといって運行開始早々に路線の休廃止をするわけにもいかず、運行経費削減のため、運行車両のダウンサイジングで対応するバスが現れた。

車両を小型化することのメリットとして、まずは高速料金が安くなるという点がある。例えば全長12ｍの大型車だと、通常の大型観光バスで徴収される「特大料金」ではなく、ひとつ下の「大型料金」となる。さらに、総重量8ｔ未満の小型バス車両では、普通車のひとつ上の「中型料金」となる。

特大料金を基準とすると、おおむね大型料金で6割、中型料金で4割強ほどとなる。これだけでもかなりの経費削減だ。また、車両が小さくなることで燃費も良くなり、税金やメンテナンスなどの車輌維持費も安くおさまる。

乗車人数が少なくなると当然、運賃収入も下がってしまうので、車両を小型化して運行費用を抑えれば、それを相殺できるというわけだ。

大型車の乗り心地と比べるとどうしても劣ってしまうが、路線をそそくさと休廃止するのではなく、車両を小さくしてでも路線を維持するというバス会社の涙ぐましい努力があったのだ。

意外に走っていた！　小型車両の高速バス

鳥取の日本交通と岡山の下津井《しもつい》電鉄が運行していた、岡山〜鳥取線と岡山〜米子線は、当初は大型車で運行されていたが、利用客不振で下津井電鉄が撤退し、日本交通が単独で小型車による運行を開始した。

小型車といえども車幅2mのマイクロバスではなく、車幅が2・3mある小型幅広車を使用。独立3列シートを装備しているので定員が少なくなるが、大型車と遜色ない車内設備でサービス水準を落とすことなく運行できた。

また、中国バスが運行していた福山〜高松間では、日野自動車のマイクロバス・リエッセが使用されていた。フロントにエンジン、車体中寄りにドアがある他社のマイクロバスと同サイズだが、大型バスと同じようにエンジンがリアに、ドアが一番前にある。そのため車内空間が広くエンジン音も静かで、高速バスとしても使い勝手が良かったのだ。

福山の鞆《とも》鉄道でも、「尼崎線」に日産のシビリアンを使用していたことがあった。これは鞆鉄道初の県外高速路線だったが、先に中国バスが運行していた大阪行きの高速路線のほうが定着しており、また、行先が尼崎ということもあって早々に苦戦を強いられることになる。そこで、閑散期や予約が少ない時には小型車両で運行していたのだ。現在は、このシビリアンは定期観光バスとして使用されている。

サイズを下げてコストダウンを図ったが……

特に中国地方では、このような例が非常に多かった。岡山〜姫路間の「播備《ばんび》ライナー」は、神姫バス・中国ＪＲバス・中鉄バスの3社による共同運行だったが苦戦を強いられたため、中鉄バスがいち早く車両を小型化し、日野自動車の小型幅広タイプであるレインボー7Mを導入していた。

最後にもうひとつ、両備バスが運行していた津山～広島線。こちらも当初は共同運行先の広交《ひろこう》観光とともに大型車を運用していたが、平日の予約が少ない時、両備バスでは三菱ふそうのマイクロバス・ローザで運行。もともと一般路線用だったが、高速路線に使用する際にはわざわざリクライニングシートに換装されていた。とはいえ一般路線用なので、エンジンは非力でアップダウンのある高速道での走行は厳しかったようだ。

そして実はこの路線、さらに驚くべきことに、それ以前は比較的予約の少ない水曜日と木曜日限定で、トヨタハイエースグランドキャビンが運用されていたこともあった。これは、ジャンボタクシーとして定着している車両で、高速バスならぬ「高速タクシー」状態の時もあったのだ。

車両を小さくして路線を維持するというスタイルは、利用客の利便性と運行コストを両立できる効率的な方法であったが、残念ながら右に挙げたどの路線も結局は休廃止されてしまう。車両のダウンサイジングまで行い、路線の維持に努めていたバス会社は多い。しかし現在、バス業界は慢性的な乗務員不足。乗客が少なければ真っ先に運行をやめてしまうという状況になってしまったのは、なんともさびしい限りだ。

●播備ライナーで中鉄バスが導入した小型の日野レインボー 7M

●トモテツバスの日産シビリアン。かつて尼崎線に運用された

車内はあれもこれもオージ製!? 「バス関連機器」専門メーカーの秘密

高速バス(大型バス)の車両メーカーとしては、現在いすゞ自動車、日野自動車、三菱ふそうトラック・バスの3社がある。いずれも最終的な完成車を組み立てるシャーシメーカーであり、まったくバスに興味がなくてもひとつくらいは名前を聞いたことがある会社があるだろう。

しかし、「株式会社オージ」という名前を聞いたことがある人はほとんどいないのではないだろうか。それもそのはず、この会社は路線バス車両、高速バス車両の「バス関連機器」を専門に製造している会社なのだ。

バス関連機器と聞いても想像しづらいが、「バスに関する細かい設備」と言われて思いつくものの多くを作っているといってもいい。例えば、高速バスに乗り、席に座った時に前の座席の背もたれについている簡易テーブルやコップ受け。また、夜行バスの入り口の段差で光っているステップライト。あるいは、バス車体後方に取り付けられ「乗降中」などの文字を表示するLED表示灯。オージはこれらのほか、細かすぎて乗客が普段意識しないようなバス関連機器を多数作っている。

創業は1955（昭和30）年で、東京都北区の「王子」地区で創業した王子ダカイスト工業が前身だ。創業まもなくからワンマンバス用の電動方向幕巻き取り機などを発売し、1964（昭和39）年に現在の社名に変更した。現在はバス関連機器の業界でトップのシェアを誇っている。

バスの発達とともにあった会社の歴史

高速バスではあまり見ることはないが、オージを語る上で外せないのが降車ボタンだ。日本で最初のワンマンバスが大阪市交通局で生まれたのが1951（昭和26）年。それまでは路線バスには運転手のほかに車掌が同乗しており、運賃の授受や降りる乗客の把握などは車掌の業務だった。しかし人件費などの問題から、徐々にワンマン化が進むことになる。そんな時に必要となったのが整理券や運賃箱、そして降車ボタンだったのだ。

降車ボタンが本格的に普及するのは1960年代で、1963（昭和38）年にオージが初めてランプ付きの降車ボタンを開発・発売した。その後、各社が相次いで点灯式のボタンを開発。現在当たり前のように押しているバス降車ボタンのスタンダードは、オージが作ったものなのだ。ちなみに現在バスの降車ボタンを製造・販売している会社はオージと、同じくバスや鉄道の電装機器メーカーであるレシップのみだ。

さて、ワンマンバスや降車ボタンの普及に少し遅れて登場したのが高速バス。日本初の本格的な高速バスである「名神ハイウェイバス」が１９６４（昭和39）年に、東名高速道路を利用した「東名ハイウェイバス」が１９６９（昭和44）年に運行を始め、以降、長距離バスが台頭するようになった。

オージもそれに合わせ、観光バス用の灰皿などを開発。その後も１９８９（平成元）年には観光バス用のテーブルを販売し、さらに近年では前述のステップライトや、行先表示機などを開発している。

乗客の安全を守る隠れた功労者

オージの製品を紹介しよう。まずは高速バス車両の前面に取り付けられる行き先表示器。単純なLED式のほか、カラーLEDを使ったデジタル表示器があり、多彩な表示が可能となった。これによりコントラストを強め、見せたい情報の視認性を上げるなど、よりバスが使いやすくなる。

夜行バスで重要なのが光だ。ステップライトはバスの入り口や車内の段差部分に取り付けられ、乗降客に段差があることの注意喚起をする。防水構造になっており、滑り止め加工もされているため、ステップでの転倒防止という効果もある。また、ステップだけでなくドア上部に取り付ける車外照射灯も販売。乗車口を照らすことで、安全な乗り降りをサポートする。

休憩時間で降りた乗客が目印にするため、窓のところに行き先や社名を書いた表示灯が光っているのを見たことがないだろうか。これもオージ製のものが多い。観光バスなどの場合、団体名を書いた紙などを表示板に取り付け、それを白色LEDで照らすという仕組みになっている。

こういった製品を作るオージは、まさに縁の下ならぬ、バスの下の力持ち。高速バスに乗る時には、そんな細かい部分にも目を向けてみると、意外な気づきがあっておもしろいかもしれない。

●足元を照らしてくれるオージ製のステップライト

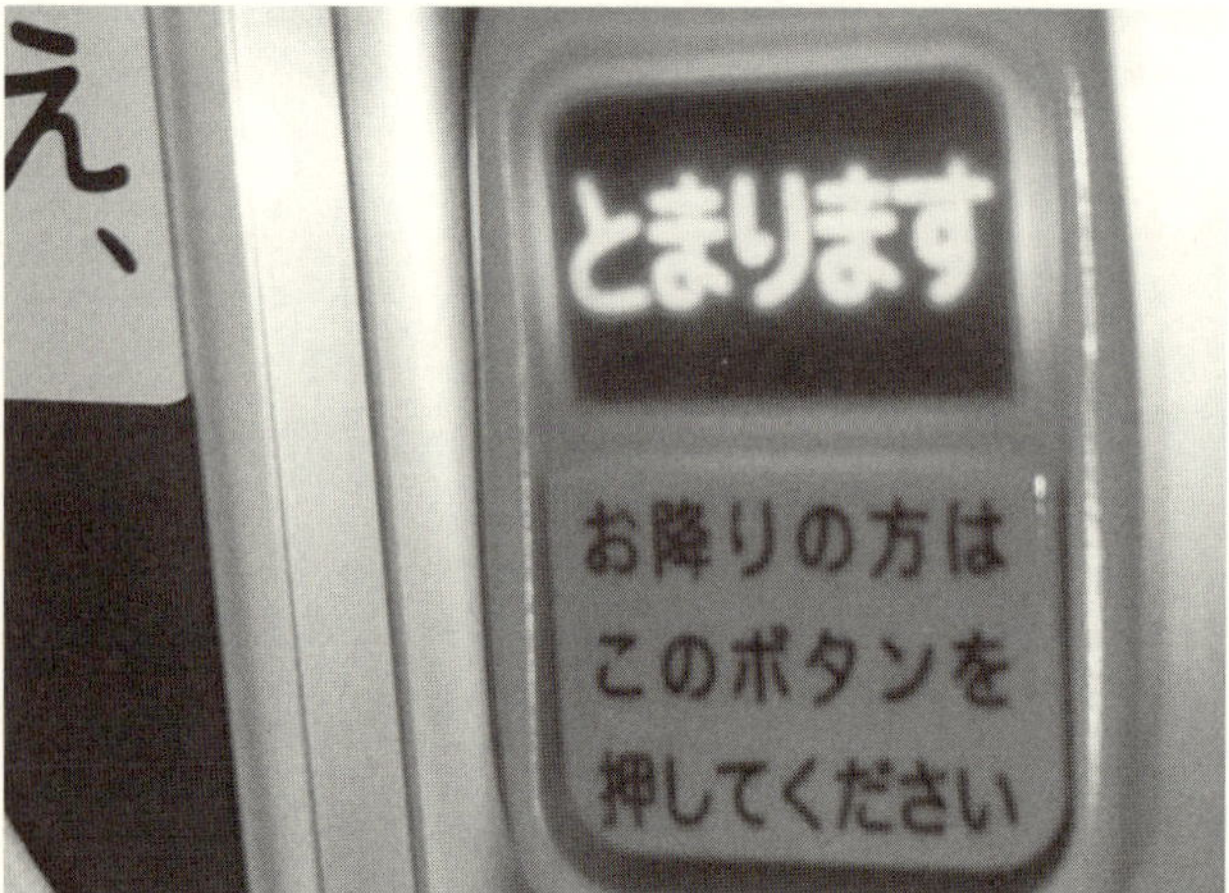

●写真ではわからないが、ウィラーの車両用に作られたピンク色の降車ボタンだ

高速バスシートを作り続けて70年！市場占有率98％の天龍工業

高速バスを支える重要な部分を製造していながら、ほとんど一般には知られていない会社がある。その名前は「天龍工業」。富山県に本社と工場を構える企業だが、名前を聞いてもどんな会社なのかは分かりづらい。作っているのはバスのシートだ。バスに乗ったことがある人なら、だれもが必ずといっていいほどこの会社が作ったシートに座っている。

創業は1946（昭和21）年。現在はバスや鉄道、船舶用のシートの専門メーカーとして知られ、バスシートの市場占有率はなんと98％。高速バスのみならず、一般路線バスや観光バスなど、日本国内を走るほとんどのバスのシートが天龍工業製なのだ。

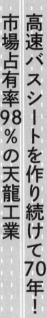

創業当時は数あるシートメーカーのひとつでしかなかったのだが、同業他社のほとんどは高度経済成長期に生産が加速した、乗用車のシート製造に生産をシフトした。大きくはその理由で、現在の寡占状態が作られたのだ。

また、バスシートはバス会社各社で仕様がかなり変わるうえ、1台の車両のなかでも座席位置によって形状が異なる。そういった細かな対応ができるのは、長い歴史を持つ天龍工業の強みとなったのだ。そしてさらに大きな武器となったのは、「顧客に寄り添う」という理念のもとに行った、積極的な営業活動。

各バス事業者に対して、それぞれの車両にあったバスシートの製造をＰＲし、多くの支持を集めることができた。

豪華バスの潮流に合わせた高機能シート

高度経済成長期は大量輸送の時代であり、省スペースでより多くの乗客を乗せられることが重要視された。しかしその後市場に変化が現れ、広いシートや高級感のあるシートへと、乗客のニーズが移行してきた。特に、夜行高速バスに個室型仕様の車両が増えたのも、そんな時代の声に応えたものといえる。

天龍工業ではそういった需要に応え、バス事業者やボディメーカーを交えた打ち合わせを行い、新しいシートを開発する。なかにはまったく新しいデザインや、これまでにないアイデアが盛り込まれたシートもあり、ゼロからのスタートになるケースも多い。

ただし、天龍工業では快適さではなく、安全性を最優先に開発を進めている。シートの生産はすべて富山県の工場だが、岐阜県にある技術センターでシートの安全に関わる「ECE R80（大型乗用自動車の座席及び取付装置の車両認可に係わる統一規定）」に則った試験を繰り返し行い、そのほか様々な条件で実施した試験をパスしたシートだけが天龍工業のラインに流れることになる。

こうして開発されたバスシートを使用した代表的な豪華バスには、ウィラーの「リボーン」「ラクシア」「コクーン」、両備バスほかの「ドリームスリーパー」、JRバスの「グランドリーム」「ドリームルリエ」などがある。

例えば「リボーン」はウィラー初めてのシェル型シートで、座席を上から見るとコの字型のパーティーションに囲まれている。シートのリクライニング角は156度と大きく倒れるイメージだが、これは背面部分だけが倒れる仕様ではなく、1枚の弓なりのシートが前方にスライドすることで、リクライニングの姿勢を作り出している。天龍工業ではこれを「マジェスライド」と呼んでいる。このシートもゼロからの設計で繰り返し試験を重ね、完成まで実に3年の歳月を要したという。

先に挙げた「グランドリーム号」に使用されているクレイドルシートも、天龍工業製。

西日本JRバスからの要望で開発された新しいスタイルで、こちらは座面が背面と連動してリクライニングするシートだ。

観光バスにも発揮される技術とノウハウ

こちらは観光バスだが、神姫バスが運行する「ゆいプリマ号」は、これまでの観光バスのイメージをくつがえす豪華な内装と設備を備えた車両。このバスを設計した工業デザイナー・水戸《みと》岡鋭治《おかえいじ》氏のデザインセンスが細部にまで注がれている。

全部で18席のシートがあり、「蓮」「獅子」「唐草」の3種類の模様を配したモケット生地で作られているが、それぞれこの模様のシートを車両のどこに配置するかということまですべて指定されているのだ。車体へ座席を取り付ける作業は別会社の役割で、窓側席や中央席とではそれぞれシートのフレーム形状やアームレストの位置が異なり、生地の貼り合わせには細心の注意が払われた。

市場占有率98％の天龍工業だが、その実績に甘えることなく、絶えず新しいニーズに応えるための努力が今日も続けられている。

●天龍工業本社。このほか石川県白山市に旭丘工場もある

●ほとんどのバスのシートを手がけていると言っても過言ではない（写真：バスとりっぷ）

ベッドで寝られる理想の「寝台バス」なぜ日本には存在しないのか？

かつて、日本国内での長距離移動の手段といえば、夜行列車や寝台列車がメインだった。しかし、新幹線や旅客機の低価格化などが進み、そういった列車は次々と姿を消していった。

とはいえ低価格で、しかも夜寝ている間に長距離を移動したい、というニーズは相変わらずある。そんな要望に応えるように発達してきたのが、夜行バスだ。夜行列車や寝台列車の廃止に伴い、夜行バスはその数を増やしてきた。

ただ、夜行バスはほぼ同じ姿勢で何時間も座ることになるため、どうしても体への負担が大きい。しっかりと眠れないので夜行バスに苦手意識を持っている人も多いかもしれない。

むかしの寝台列車のように、体を横にして休むことができるベッドが備え付けられた「寝台バス」があってもいいのではないか……とは誰もが思うだろう。

札幌で寝台バスが作られていた!!

実際、ベッドを備え付けた寝台バスを、実用化を見越して試作していたところもある。今から60年近く前、札幌市営バスが、ベッド付きのバスを試作していたという記録が、断片的に残っている。

1960（昭和35）年5月の中日映画社のニュース映画に登場した「ベッドバス」によると、このバスには、上中下3段のベッドが8列24床備え付けられていた。使わない場合はベッドをおろして座席シートにすることができ、その場合は55人乗りのバスになったという。おもしろいのは、最後部に、10円玉を入れると12分間ガスが出て、料理ができるコンロが付いていたというのだ。トイレではなくキッチンをつけてしまうあたり、バスというよりもキャンピングカーのようだ。

ニュース映画では、札幌市長がアメリカから持ち帰ったアイデアだと伝えているが、コンロをつけてしまうところなどは、なるほどアメリカンな雰囲気を感じる。

北海道は、同じ道内でも各都市の距離がかなり離れている。そのため長距離バスの需要も多く、寝台バスの開発にも積極的だったのかもしれない。

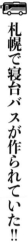

この寝台バスは「ゆーから」と名付けられて、試運転が行われていたようだが、実際の運行に至ったという情報はない。一説によると、ベッドを付けたことにより、重心が高くなってしまい、試運転中に横転事故を起こしたため実用は見送られた、という話も。

また、日本では法的な問題も寝台バスの実現を難しくしている。日本では高速道路を走行するバスでのシートベルトの着用が義務付けられているが、これは座席に座った状態での着用が想定されている。人が横になった状態で着用するシートベルトが「座席に安全に固定されている」と判断されるかどうかは、未知数だ。

海外には存在する寝台バス

以上のような様々な要因から、日本では見かけることがない寝台バスだが、海外に目を向けると様々な国で運行されている。とくに、中国やインドなどは国土が広いうえに人口も多く、夜行バスの需要が多いため、かなりの数の寝台バスが走っている。

中国やベトナムの寝台バスは、3列シートで、上下2段のベッドとなっている場合が多いようだ。バスの幅で3列シートなので、ベッドの幅は推して知るべしといったところで、もちろん寝返りをうてるような余裕はない。

特に、ベトナムの寝台バスは、前の座席の下に足をつっこむ穴がある構造になっているため、完全に横になれるというものではないようだ。さらに、極彩色の照明と、車内には爆音のベトナムポップスが鳴り響く状態で、ハノイ〜ホーチミン間を40時間かけて移動するという。

また、こういった低価格路線の寝台バスだけではなく、高級な寝台バスというのも開発されている。アメリカのサンフランシスコとロサンゼルスを結ぶ寝台バス「Ｃａｂｉｎ《キャビン》」は、走るリッツカールトンと言われるほどの豪華な仕様になっている。

寝室はカプセルホテルほどの大きさがあり、中で寝返りをうつことも十分にできるうえ、カーテンがついているので、プライバシーも確保。寝具はもちろん、耳栓、水、紅茶、コーヒー、睡眠導入剤まで完備しており、車内にはトイレや談話ラウンジまで備え付けられている。

サンフランシスコからロサンゼルスまでひと晩かけて運行し、往復の運賃は２３０ドル。料金は飛行機よりも高いが、寝ている間に快適に移動できるという点は、やはりずいぶん魅力的ではある。

●幻の寝台バス「ゆーから」とされる写真

●アメリカの寝台バス「Cabin」車内はカプセルホテルのよう

運転手が横になってグッスリ……
高速バスにある「仮眠室」の実態

高速バスの運転は、走行距離が400km以上の場合、2人以上で交互に休憩をとりながらと決められている。運転手の過労による事故が発生し、その対策として2013（平成25）年の法改正により、このような規定がされたのだ。では、高速バスの運転手は、どこで休憩を取っているのだろうか？

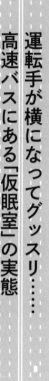

実は多くの高速バス車両には、運転手の仮眠室が設置されている。設置箇所はまちまちだが、床下、荷物を入れるトランクの隣、車両後部など。広さはおおよそカプセルホテルの一室ほど。最近では、運転手が横になれるようマットレスや布団を置いているほか、ライト、コンセント、空調設備も完備。室内が汚れないように靴を置くスペースがあったり、飲み物を置けるようになっていたり、細かい設備は様々。マイ枕を持ち込んで、快適性アップを図っている運転士もいるそうだ。

特に凄いのが海部観光の「マイ・フローラ」（P・36参照）。豪華バスらしく仮眠室も最先端で、なんと現在どこを走っているかわかるモニターが設置されている。そのうえ一般的な仮眠室の約2倍の広さを取っている特別な仕様のため、室内はかなり快適でしっかり休めるという。

進化していく高速バスの仮眠設備

既存のバスを改造して急遽トランク横に仮眠室を設置した場合、入り口は外からのみ、という単純な造りになる。仮眠室付きのバスを新たに購入するよりは資金が抑えられるため、法改正後すぐはこのような造りが一般的だった。しかし運転中の運転手に異常が起きた場合などに対処が難しいため、最近では車内から出入りできる仮眠室が増えている。

車内から出入りする場合、トイレ横に「関係者以外立入禁止」の扉があり、そこが仮眠室につながっていることが多い。この場合トイレのスペースと、仮眠室のスペースが半分ずつになっているのが一般的だという。トイレのない車両で床下に直接移動できる仮眠室をつくるのは構造上困難で、その場合仮眠室は車両の後部に設置される。

足を伸ばせるぶん、通常の客席で休むよりはだいぶ回復はするだろう。しかし設置箇所が床下となると、客席よりかなりタイヤに近くなる。車両中心部は横揺れが最も少ないとはいえ、縦揺れは大きくなってしまう。

国土交通省の基準によると、夜行バスでは実車運転2時間ごとに15分以上の休憩を取らなければならないことになっている。そのため2人で運行するバスの運転手は2時間運転し、交代、そして2時間の仮眠をとり再度運転する、というサイクルを繰り返している。最初のうちは、揺れや騒音に過敏な運転手は眠ることまではできないそうだが、慣れてくると1時間程度はグッスリ眠れるようになるという。ベテランになると、交代の頃合になるとエンジン音の変化で目が覚めるそうだ。

以前、SAに停車中、仮眠室で休憩していた運転手がバスに外側から鍵をかけたまま眠り込んでしまい、乗客がバスに乗ったまま8時間ほど放置されてしまうという事件があった。

このとき、仮眠に入った運転手を起こすための本社と車両間でのやりとりができていなかったことや、外部から仮眠中の運転手に連絡を取る仕組みが確立されていなかったことが問題となった。その対策として、運転席から仮眠室に連絡を取れるインターホンが設置され、運転手も仮眠を取る際は必ず本部と連絡を取るよう徹底する企業が増えた。

意外に厳しい運転手の「睡眠」事情

高速バスの運転手にとって、睡眠時間の確保は大きな問題。運転後、家に帰る時間がなくても休養をとれるよう、シャワー室や食堂を備えた仮眠施設が営業所近くに設置されている会社もある。ビジネスホテル級の個室があったり、カプセルホテル形式であったり、雑魚寝であったり、施設の形態は様々。バス運転手の1日は長い。家が遠いなどの理由で一時帰宅しているとほとんど眠る時間がとれない社員もいるため、そういった配慮もされているのだ。

ちなみに、長距離大型トラックの仮眠室は、運転席の上部のルーフ部分。こちらはタイヤとの距離が遠いため、騒音も揺れも大して気にならず快適だそう。もちろん高速バスの構造上そのような造りは難しいのだが、長距離を運転している運転手が少しでも良く眠れるよう、仮眠室も進化することを願うばかりだ。

大勢の命を背負って、神経を尖らせて運転しなければならない高速バスの運転手。だからこそ万全の環境で仮眠をとって、しっかり頭の冴えている状態で運転に臨めるよう、環境の整備が続いている。

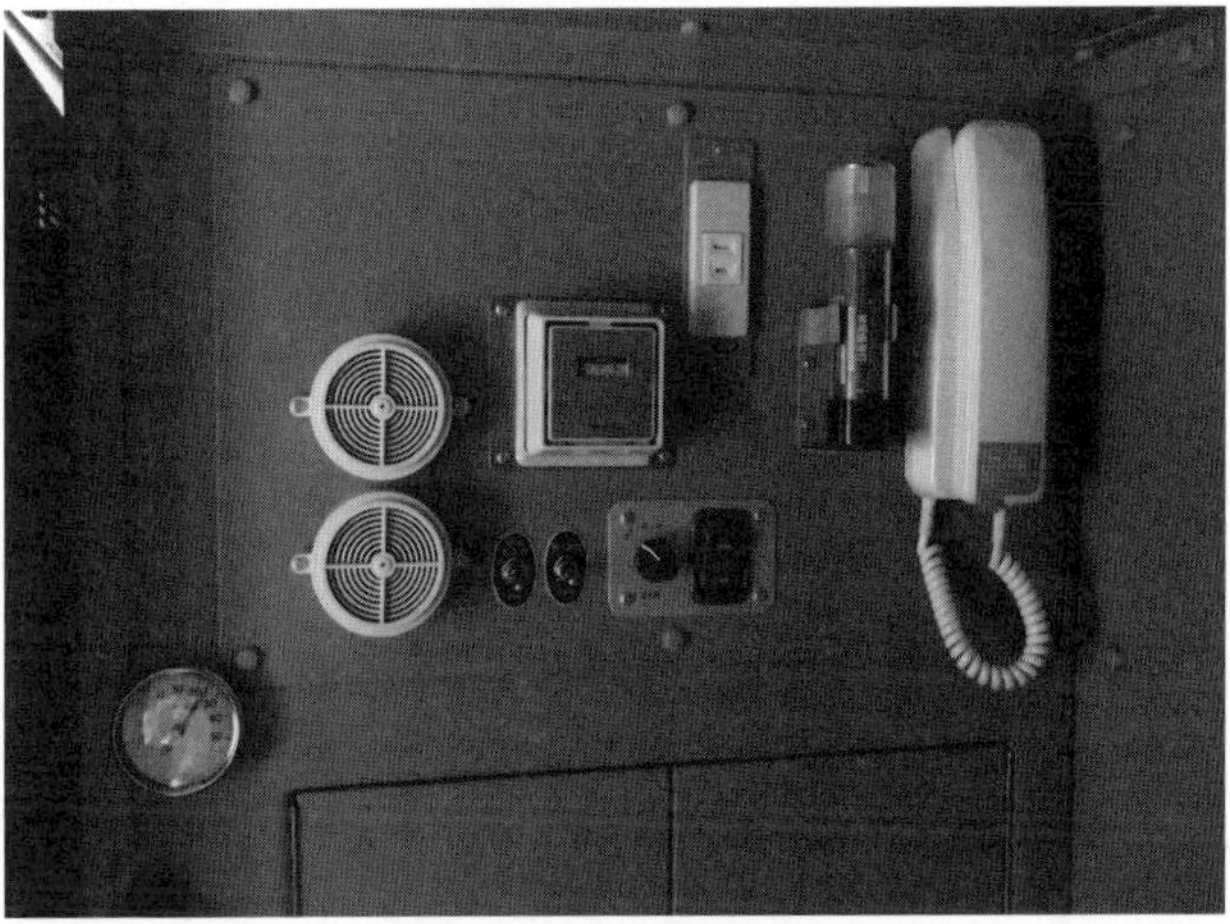

●仮眠室の中にはインターホンや靴入れが備え付けられていることも

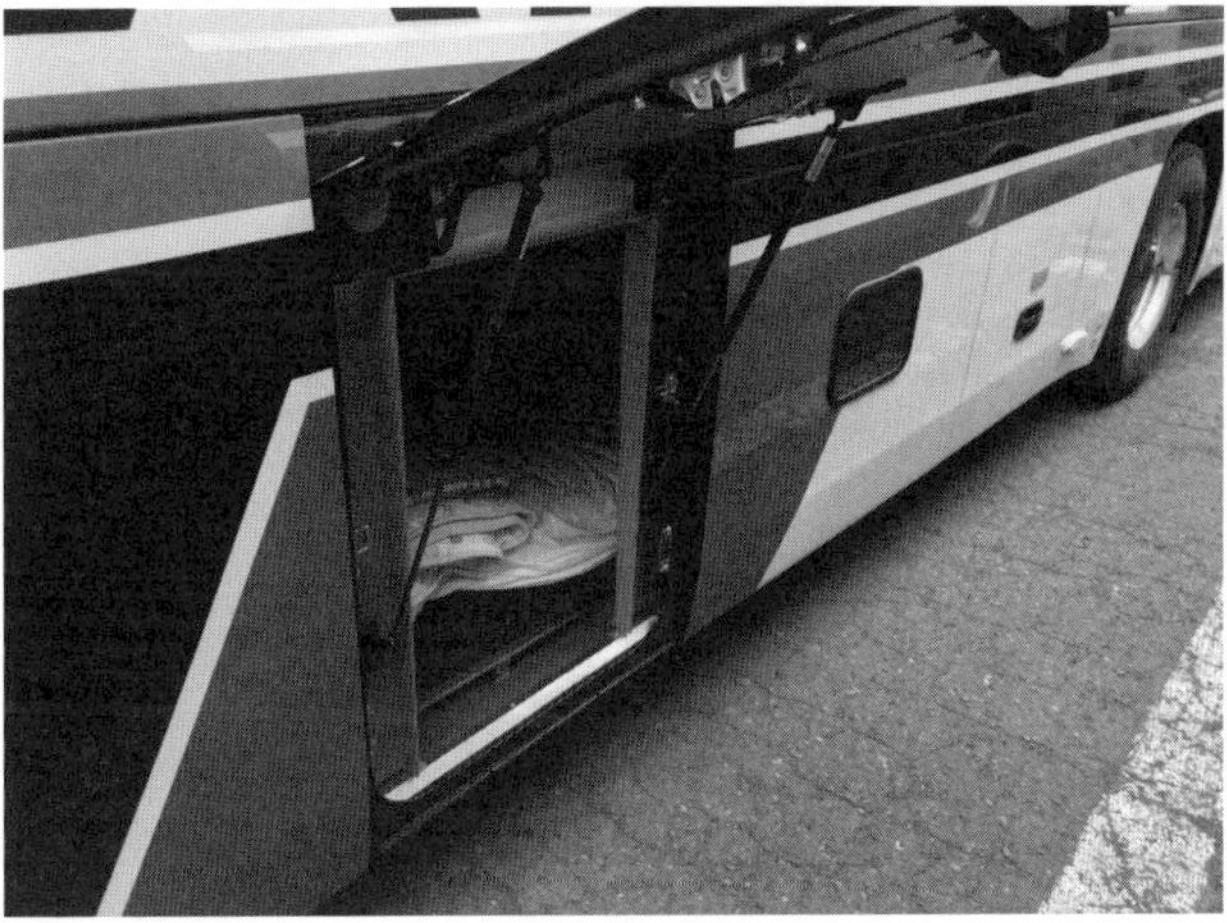

●ほとんどの車両は床下トランクルームの隣に仮眠室がある

第4章

これ知ってる?
高速バストリビア

ディズニーには何路線乗り入れている!?
日本一のテーマパークのバス事情

千葉県浦安市にあり、舞浜駅から直結する東京ディズニーリゾート。「千葉なのに東京」などと揶揄されることもあるが、東京ディズニーランドと東京ディズニーシーを合わせた２０１７（平成29）年度の入場者数は計３０１０万人。日本一のレジャー施設であることは間違いない。

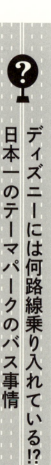

それほどの人が集まるだけに、東京ディズニーリゾートでは交通インフラの整備に余念がない。ＪＲ舞浜駅からは舞浜リゾートラインがモノレールの運行を行い、ディズニーランド、ディズニーシー、そしてオフィシャルホテルの３カ所を結んで、毎日環状運転を行っている。

もちろん、バスも例外ではない。地方からバスでやってくる利用客のため、エントランスのすぐそばにバスターミナルを設置している。ディズニーランドのターミナルは１から13番までの乗り場があり、乗り入れている路線はなんと53路線。これは近郊のホテルや浦安駅、葛西駅など近距離の路線も含んだ数だが、それでもすごい路線数だ。長距離バスだと、松山とを結ぶジェイアールバス関東の「ドリーム松山号」、金沢とを結ぶ同社の「青春ドリーム金沢号」のほか、羽田空港や成田空港とを結ぶ便も乗り入れている。

また、2017（平成29）年9月からは池袋西口と東京ディズニーリゾートを最短45分で結ぶ便が新設され、話題となった。国際興業バスと京成バス、京成トランジットバスの3社の運行で、現在も1日8往復の運行を行っている。

さらにその約1カ月後、国際興業バスと庄内交通の共同運行で酒田行きの「夕陽号」の系統が新設され、ディズニーランドに乗り入れるようになった。

ディズニーシーにも多くの路線が乗り入れ

ディズニーシーにもエントランスのそばに1番から9番までの乗り場があるバスターミナルがあり、乗り入れているのは48路線。東京ディズニーリゾート全体で考えると、延べではあるが100路線を超えることになる。

高速バスでは、前述の池袋の路線や、名古屋、大津、奈良など各地とを結ぶ路線が運行されている。ちなみに九州への路線はいずれも存在せず、四国もディズニーランドの「ドリーム松山号」のみだ。

また、当然といえば当然なのだが、長距離路線のほとんどは夜行バス。いうまでもないが、せっかく着いてもすでに夕方……という事態を避けるためで、「開園前に到着する」ことを推し出している路線も多い。

２０１３（平成25）年には、「バス・ターミナル・アネックス」というターミナルが新設された。これは同年8月の法改正によるもので、旅行代理店が貸切バスを借り上げて輸送を行う「高速ツアーバス」という業態が廃止され、「新高速乗合バス」に一本化されたことに原因がある。高速ツアーバスから移行する事業者は適用される法律が旅行業法から道路運送法に変わり、停留所の設置や、行先表示の設置の義務化といった規制を受けることになった。

この停留所の設置の義務付けに対応するため、設置することになったのがこのバス・ターミナル・アネックスだ。エントランスからは少し遠いが、ディズニーランド、ディズニーシーそれぞれに新設され、新高速乗合バスの停留所として利用されることとなった。こちらは長距離の予約制高速乗合バスが使用しており、こちらの路線数まで含めるとさらに膨大な数になる。

❓ディズニーオリジナルのバスがある!

高速バスとは話が少しずれるが、ディズニーのバスといえば「ディズニーリゾートクルーザー」というのがある。ディズニーアンバサダーホテルとパークを結ぶAルート、そしてオフィシャルホテルとベイサイド・ステーションを結ぶBルートの2路線がある無料のシャトルバスで、車体に大きなミッキーマウス型の窓が付いているのが特徴的。そのほか、つり革など車体の各所にはミッキーマウスをモチーフにしたあしらいがあるなど、遊び心満載だ。

車体を一見するとどこかの輸入車かと思うが、実は全車日野自動車製の路線バスをベースとしている。しかし、特に初期の車両はほとんど原形をとどめておらず、外観だけでは車種はおろか、メーカーすらわからないほど。車両の外見から内装まで、こだわってデザインされている。東京ディズニーリゾートのブランドイメージを重要視する姿勢は、バスにまで現れているのだ。

乗客0人でも終点まで行かないとダメ！　法律で決められたバスのルール

路線バスで、終点の手前のバス停で乗客がゼロになってしまった場合でも、そのバスは律儀に終点まで運行しているのか、それとも運転を止めるのか気になったことはないだろうか？

都会の中心部を走るようなバスであれば、終点の一つ前の停留所でも乗ってくる乗客はいるが、地方の町と山間部を結ぶようなバス路線で、終点停留所の一つ前の停留所で乗ってくるような客はあまりいない。

高速バスの場合でも、出発時に乗客がゼロだったり、終点の前で乗客がすべて降りてしまった場合、空気を運んでいる（いわゆる「空気バス」）だけで燃料の無駄だし、運転手の負担にもなってしまう。そういう場合は、運転手の判断で運行を打ち切ることはできないのだろうか。

結論からいうと、バスはたとえ乗客がゼロになったとしても、必ず終点まで運行しなければならない。

路線と時間を定期的に定めて運行している「路線バス（高速バスも含まれる）」は、「道路運送法」という法律によって、その運用が細かく規制されている。運行経路、運行回数などは、道路運送法の第十五条の三で「路線定期運行を行う一般乗合旅客自動車運送事業者は、運行計画（運行系統、運行回数その他の国土交通省令で定める事項（路線定期運行に係るものに限る）に関する計画をいう。以下同じ）を定め、国土交通省令で定めるところにより、あらかじめ、国土交通大臣に届け出なければならない。」と定められている。つまり経路を変更する場合は、事前に国土交通大臣に届け出をしなければいけないので、運転手の判断で「今日は客がいないから終わりにしよう！」といった勝手な運行打ち切りはできない。

従って、高速バスも含め「路線バス」として運行しているバスは、天候などで交通事情が著しく悪化した場合や、事故などのやむを得ない場合以外は、たとえ乗客がゼロになったとしても、そのまま終点まで運行されている。仮に、運転手の判断で勝手に運行経路を変えたり、途中で運転を打ち切ったりした場合は、法令違反として行政処分が下される可能性もある。

❓乗客ゼロで運行を中止する方法があった！

しかしながら、やはり乗客が乗ってこないとわかっているのに、律儀に最後まで運転するというのも馬鹿らしいし、なによりも燃料も時間も無駄になってしまう。実は、乗客がゼロになった場合、運行を取り止めることはできなくもない。

例えば、事前に予約をした乗客しか乗せない「完全事前予約決済制」として届け出をしているバス路線では、乗客がゼロの場合は運行をしなくてもいいことになっている。

しかし、バスは通常、往復でダイヤが組んであるのが普通だ。出発地の営業所から終点の営業所まで運行したバスはそこで終わりではなく、折り返しでバスを運行して、出発地の営業所へ戻るというスケジュールになっているものがほとんどである。

そのため、たとえ往路の便で乗客がいなくても、折り返しの復路の便に乗客がいるかもしれないので、乗客がゼロでも運行はせざるを得ない。逆に、復路での乗客がゼロだとしても、乗務員が出発地の営業所へ戻るため、結局、バスは運行しなければいけない。

いずれにしろ、乗客はいなくても、バスは走らなければいけないのだ。つまり、行きも帰りも乗客がゼロでなければバスの運行を取り止めることはできない。

一般路線バスでは「空気バス」を防ぐ仕組みも

バス停を「飛ばして」運行することについても、ある程度融通が効く場合もある。一般的に、あるバス停で降車も乗車もない場合、バス停を通過することがある。これも広義のバス停飛ばしといえばそうだが、一般路線バスで見られる「デマンドバス」と呼ばれるしくみのバス路線の場合は、乗客のいないバス停には停車しないことが前提で運用されているものが多い。デマンドバスとは、乗客が乗るバス停と降りるバス停を事前に連絡するバスのことだ。その場合バス停を飛ばすだけではなく、経路を迂回する場合もある。

また、バスは時間どおりに運行することも法律で定められているが、各バス停の発車時刻は、バスが遅れ気味になるよう、若干無理がある時間に設定されている場合が多い。

これは、バスの早発を防ぐための工夫だ。時刻より早くバス停に到着した場合、発車時刻まで時間調整を行う必要がある。乗降客をさばくために停車するよりも長くバス停に停車すると、交通の妨げとなる場合も多いので、そのように設定されている。

このように、乗客がいない場合や、バス停をとばすことなど、バスの運行には意外と細かな決まりが「道路運送法」によって定められているのだ。

総距離6000㎞に運賃1ドル！世界各国のすごい長距離バス事情

日本の国土の面積は約37万8000㎢で、世界全体でみるとおよそ60番目の広さ。そんな日本でさえこれだけ高速バス路線網が発達し、都市から都市へ、どこへでもバスで行けるほどなのだから、日本より広い国々ではもっと長距離バスの路線が発達しているのではないだろうか。

国土が世界最大面積のロシアを見てみると、日本と同じように首都であるモスクワから周辺の各都市へと向かうバスが最も多い。サンクトペテルブルクや、ウクライナとの国境近くにあるクルスク、ポーランドとリトアニアに挟まれた「飛び地」であるカリーニングラードへの路線などがある。

カリーニングラードへはラトビアとリトアニアを経由しなければならないので、ロシアからラトビア、ラトビアからリトアニア、そしてリトアニアからロシアへと、3回も国境越えをする路線ということになる。

しかし、例えばモスクワから東の果てのウラジオストクまでのような、超長距離を走るバスは存在しないようだ。この間9000km以上、鉄道でも約1週間かかるのだから当たり前ではあるが。

「はかた号」の6倍の長距離バスが存在する!!

この距離ほどではないにしろ、世界には驚くべき走行距離の路線が存在する。その距離なんと約6200km。ブラジルのリオデジャネイロからペルーの首都であるリマまでを結ぶ、世界最長の路線だ。

旅程の推定時間は約102時間で、丸4日以上をかけて走るということになる。推定、と書いたのは外国のバスは遅れることがザラだからで、下手をするともっと時間がかかる場合もある。

運行会社はペルーの「Ｏｒｍｅñｏ（オルメーニョ）」社で、かつてはリマからサンパウロまでしか行かなかったが、要望を受けてリオデジャネイロまで延長。南アメリカ大陸を横断し、太平洋岸から大西洋岸まで至るバスが誕生した。

同社はリマを拠点とし、ほかにもアルゼンチンのブエノスアイレス、ベネズエラのカラカス、チリのサンティアゴなど、南米各国の都市へ向けてかなり長距離のバス路線を運行している。

超長距離路線でいうと、インドにもジョドプールからバンガロールまでの路線が存在する。全行程で約36時間、距離は1935㎞前後で、「はかた号」のほとんど2倍だ。先の世界最長バスは国境越えだが、こちらは国内移動でこの距離なのだから、驚くべき数字といえるだろう。

また、インドにはアジア最大のバスターミナルである「チェンナイ・モフシル・バスターミナル」がある。ここは都市内、都市間バスの終着点で、周辺の主要な都市への長距離バスなどが発着している。面積はおよそ15万㎡、東京ドーム約3個分もの広さだ。1日に3000便ものバスと約25万人の乗客をさばくといい、そのスケールの大きさに驚愕するしかない。

ちなみにヨーロッパ最大のバスターミナルは、フィンランドのヘルシンキにある「カンピ・センター」で2万5000㎡。2006年に完成し、毎日約700ものバスが発着している。

アメリカの各都市を結ぶ高速バス事情

同様に、国土の面積が広いアメリカではどうだろうか。アメリカの場合、都市間バスはほぼ「グレイハウンド」社の一強という状況になっている。

グレイハウンドはテキサス州のダラスに本社を置く会社で、1914年からの歴史がある最大手。アメリカ全土とカナダ、メキシコの一部に路線を持っており、その総数はなんと3800以上。値段も格安で、例えばニューヨークからボストンへバスで向かう場合、日によって変わるがおおよそ10ドルから20ドルほどで行けてしまう。鉄道で行くとなるとその10倍ほどはかかるので、バスを使うコスト的なメリットは大きい。

アメリカではほかにも「走るリッツ・カールトン」とまでいわれる豪華な寝台バス「キャビン」（P・128参照）や、主にアメリカ東部の各都市間を運行し、早めに手配すればなんと1ドルで片道のチケットを買える「メガバス」など、さまざまな長距離バス会社や路線がある。

日本とはかなり異なる、各国の高速バス事情。海外旅行の際は飛行機や鉄道だけではなく、バスも交通手段のひとつとして考えてみると、より旅が楽しくなるかもしれない。

●バスがずらりと並ぶチェンナイ・モフシル・バスターミナル（写真：cotaro70s CC BY-ND 2.0）

●イギリスでも走っているメガバス。車体には１ポンドと書いてある

高速バスに対応した研修車まで導入！
安全運転のために日々進化する研修

高速バスに限らず、公共交通機関を運行する上で最も大切なこと、それは「安全」だ。どんなバス会社だろうと、速達性を高めたり運賃を安くするために安全を犠牲にすることはまずしないし、あってはならないことだ。

近年は安全対策のための機器も発達しているが（P・102参照）、やはり高速バスの安全運行に最大の責任をもつのは運転手だろう。そのため各社では、運転手たちへの安全研修に余念がない。

2013（平成25）年、ジェイアールバス関東では、日本で初めて高速バスタイプの訓練車を導入した「安全研修センター」を新設した。訓練車には自動車教習所のように教官席（インストラクターシート）があり、車体の左右に取り付けられた小型カメラで車両側方の状況などを確認できる。また、前部には高速バスに対応したミリ波レーダー式のセンサーを設置。雨や霧などの影響をほとんど受けずに、前方車両との車間距離を計測する。

側方部にも距離計測センサーが取り付けられているほか、動揺計測センサーもトランクルーム内に設置。従来の感覚的な運転指導から、厳密なデータに基づいた教育・訓練を行うことを可能にした。

同社ではすべての運転手が3年に1回の定期研修を受講し、この訓練車で高速道・一般道を走行。計測するデータは右に挙げたものばかりでなく、エンジン回転数、燃費、眼球の動き、ブレーキペダルの踏み込み量など多岐にわたる。

そうして集計したデータをもとに「e－Dress《イードレス》」という分析システムで運転手の技能や弱点を割り出し、指導に活用されるのだ。車内にはディスプレイを備えたレクチャールームが設置され、ここで自分の運転を振り返ることができる。

泊まり込みでみっちり新人研修

研修センターの付近には専用の宿泊施設もあり、新任の運転手は入社後1カ月にわたり泊まり込みで研修を受ける。初めの2日間は、自社のことやバス運行にあたり重要な法律を学ぶ座学研修で、3日目からは実技講習がスタート。バスの点検のし方や動かし方をセンター内で学び、そこで一定の技能を認められると公道に出て、運転の教習をすることになる。

栃木県佐野市のセンター付近では交通量も多くないが、徐々に車の多い道へとステップアップしていき、もちろん高速道路の運転も行う。最終的には佐野から高速道路で東京支店を目指し、首都高速道路など都内の複雑で交通量の多い道にも対応できる技能を磨くのだ。

このほか、ジェイアールバス関東では事故や火災、バスジャックなどの異常事態を想定した訓練や、積雪・凍結した路面での走行、チェーン着脱訓練などを実施。また、ドライブレコーダーで収集した映像を活用して行う「危険予知トレーニング」という研修を日常的・定期的に実施している。まさにどんな状況でも安全に運転できる、プロの高速バス運転手を育てているのだ。

他社でも安全運行には余念がない

もちろん他社においても、安全確保のための運転研修は入念に行っている。例えば、横滑りや急ブレーキといった「異常走行体験」はその危険性を知るために有効だが、公道では行えない。ジェイアールバス関東のような研修センターがない会社では、こういった訓練は茨城県ひたちなか市にある「自動車安全運転センター」の「安全運転中央研修所」で行うことになる。ここはバスだけでなく貨物自動車や消防・救急など緊急自動車の研修も行っている施設で、スリップやスラローム走行、夜間走行など、危険だったり予測がつかない状況での運転が体験できるのだ。

また、高速バスの安全運行のためには、運転技術ばかりでなく運転手の健康状態も重要。酒気帯びがあってはならないのは当たり前として、体調管理や過労防止も大切になってくる。

実際、バスの運転手は早朝・深夜など不規則な勤務が多く、拘束時間も長くなりがちなため、国では「自動車運転者の労働時間等の改善の基準」を策定している。バスのほかタクシーやトラック運転手の拘束時間、休息期間などを定めたもので、バスの場合運転時間は2日間の平均で1日あたり9時間まで、休憩は4時間ごとに合計30分以上などといったぐあいだ。罰則規定はないが、基本的にバス事業者はこの告示を遵守しており、安全運行に努めている。4時間以上の路線では途中のSAなどで休憩を取るが、これはそのためだ

●ジェイアールバス関東の「安全研修センター」

（2人以上での運転の場合連続して運転可能）。

ほか、国土交通省では運転者の健康管理に関するマニュアルも提示しており、乗務前の点呼でどのように運転手の健康状態を確認するか、問題があった場合にどのように対応するかなどについても方針を示している。

高速バスを選ぶとき、乗客にとっては速さや値段ばかりに目が行きがちだが、それはバス会社や運転手がたゆまぬ努力をしているからこそ成り立っており、最も重要な「安全性」が土台にあるのだということを忘れてはならない。

●訓練車には「Crew Training Car（乗務員訓練車）」と書いてある

●運転席の後ろの教官席では運転データをモニタリングしている

高齢化社会の一面を映し出す病院をめぐる「阿賀町バス」

新潟県は、全国でも県内の高速バス網が発達している土地として知られる。1978（昭和53）年、北陸自動車道の開通に伴い、新潟～長岡間で初の高速バスが運行開始して以来、高速道路の延伸とともに、県都・新潟市と主要都市を結ぶ路線網が構築された。

新潟市では駅と中心街が離れていたことや、当時の国鉄特急列車と変わらないスピードと便数の多さ、運賃の安さが好評を博し、県内の高速バスはビジネスや用務、レジャーに便利な足として定着した。さらに、多数の路線が集中する新潟市近郊の北陸自動車道区間では、通勤通学に便利な足として、朝は満席の便が続出するほど。停留所には高速バス利用者用の大きな駐車場が整備され、日常生活の足としても頼られる存在にまで成長した。

そんな県内高速バスに、近年は逆風が吹き荒れている。高速道路のＥＴＣ割引や、新潟市内をはじめとする主要都市の空洞化と郊外への大型店進出、少子高齢化や人口減、さらに、新潟市への移動需要の減少といった事情で、県内高速バスの利用状況や収支は悪化傾向にある。さらに追い討ちをかけるように、バス業界では全国的に運転士不足が深刻になっており、従来通りの運行を維持することが難しくなってきた。

こうした事情から、２０１０年代に入って、県内高速バス路線の減便や廃止、共同運行事業者の撤退といった問題が深刻化してきた。ビジネスや生活の足として利用されているため、行政としても見過ごせない状況になり、２０１７（平成29）年には、新潟県が県内高速バスに対する支援制度を新設。また、新潟市へ直通できる手段が高速バスしかない糸《いと》魚川《いがわ》市のように、独自で補助金を支出している事例もある。

大病院行き高速バス？　裏には町の事情が

その中で、県内高速バスに新しいあり方を示したのが、福島県境にある阿賀《あが》町から、磐越自動車道を経由して新潟市を結ぶ「阿賀町バス」だ。２０１６（平成28）年10月に、社会実験として平日のみ1日2往復の運行を開始し、本運行が始まった２０１８（平成30）年からは1往復に減便されたものの、行政の施策として継続されている。

特徴的なのが、新潟市内では従来の高速バスと異なり、市内にある大きな病院の玄関前へ直接乗りつけることだ。終点は「新潟大学医歯学総合病院」だが、それまでに県内でも有数の大病院を複数経由するほか、磐越《ばんえつ》自動車道新津《にいつ》インター付近の「下越病院」にも立ち寄る。一方で、従来向かっていた中心部の「古町《ふるまち》」「万代《ばんだい》シテイ」や新潟駅へは行かず、代わりに「市役所前」で市内バスへの乗り継ぎができるよう配慮された。

このような思い切った運行形態になったのは、阿賀町の切実な事情があった。福島県境の山間部に位置するこの町では、高齢化と過疎化が進む中で、約1万1000人の住民の健康を支える医療機関が限られている。開業医の数が少ないうえに、最大の医療機関である新潟県立津川病院でさえ、常勤医師はわずか6名。入院も含め、常時診療できる科目は内科と外科だけだ。そのため、高度かつ専門的な診療を受けるためには、専門のスタッフや設備が充実した新潟市内の大病院を受診せざるを得ない。

社会実験としてユニークな高速バスが運行開始

そんななか、町内と新潟市内を結ぶ「新潟〜津川・上川線」を運行していた新潟交通観光バスが、2016（平成28）年9月末での同路線の廃止を発表。町から新潟市へはJR

磐越西線もあるものの、乗り換えいらずで病院の近くまで行ける高速バスの廃止は、町民に大きな不安を与えた。

町民350人から存続を求める署名が提出されるなどするなか、手を挙げたのが地元業者である東蒲《とうかん》観光バスだった。同社は先述のような事情も踏まえ、町内と新潟市内の大病院を直結する運行を提案。

この提案は阿賀町の社会実験となり、「阿賀町バス」として試験運行を開始。先述の通り、2017(平成29)年10月以降は減便されたものの、マイクロバスながら、新車を導入するなど積極的な姿勢も見せている。病院直結とはいえ、通院以外の利用や町外在住者の利用ももちろん可能だ。また、観光アピールも兼ね、新潟市内のバス停は、阿賀野川の舟運で栄えた歴史にちなんで、船の帆をかたどったユニークなデザインを採用している。

「阿賀町バス」は、新潟県内の高速バスが置かれている厳しい現状を象徴すると同時に、機動性に優れたバスの強みを存分に発揮したユニークな高速バス路線といえる。

ほかにも、新潟県内では、越後交通が運行する「新潟〜十日町線」の撤退発表に伴い、同路線を泉観光バスが引き継ぐ意向を示している。生活に密着した新潟県内高速バスが今後どう変わっていくか、公共交通の将来を考える上でその動向が注目される。

●起終点である新潟大学病院に停車する阿賀町バス

●バス停はマスト（帆）の形をしていてよく目立つ

高速バスなのに高速道路を走らない!? 「岡山エクスプレス津山」の盛衰史

「岡山エクスプレス津山」は、2013(平成25)年12月に両備バス・中鉄北部バス・中国JRバスの3社による共同運行で、岡山と県北の津山を結ぶ高速バスとして開設された。しかし実はこの路線、高速バスと名乗りつつ高速道は走行せず、国道53号をひた走る特急バスだ。路線の走行距離が50㎞を超えるため、高速道路を経由しなくとも高速バスとして扱われるのだ。

この路線、かなり大回りだが、岡山から津山へは山陽道・岡山道・中国道を経由して行けるので、その不通時のためのバイパス路線的な位置づけでもあるようだ。

県内には同じような路線で、岡山から県南の玉野市の渋川まで一般道で結ぶ両備バスの「渋川特急」がある。高速バス型独立3列シート車を投入した豪華路線で、瀬戸大橋の開通により本数が激減したJR宇野線を補完する交通機関として登場し、以来、市民の足として定着している。

しかし、その豪華車両の車両代替え時にはすでにバリアフリー法が施行されており、30km少々しかないこの路線は一般路線扱いとなり、従来の高速バスタイプの車両では代替えできなくなってしまった。路線が高速バスになるか一般路線になるかは走行距離が大きく関与するのだ。

ワンコインで乗車！　都市間バスとして急速発展

岡山から津山へは、中国鉄道を前身とするＪＲ津山線がある。かつては鳥取方面まで急行が走り陰陽連絡を担っていたが、県東部に高規格軌道で建設された「智頭《ちづ》急行」が開通し、その役割を譲った。その代わり、列車の運行本数を増やして急行を廃止し、快速列車の運行が始まった。

以前、この区間は同じく中国鉄道を前身とする中鉄バスが、津山経由で県北各地に特急・急行バスを運行していたが、利用客減少により撤退。その後、岡山〜津山間はＪＲ線が唯一の公共交通機関だったが、「岡山エクスプレス津山」の登場はこの路線バスを現代風にリメイクした、復活路線と見ることもできる。

この路線の開設の裏には、岡山市北区で1年後にオープンを控えていた「イオンモール岡山」の存在があった。運賃は岡山〜津山間で1100円と、JRで行った場合とほぼ同等の運賃設定だったが、乗り心地の良い観光バス型車両に座って移動できるという利点があった。

しかし、開業当初は事前の宣伝不足からか採算ベースには程遠い状態だった。同時期、都市間ツアーバスの台頭を背景として、参入のハードルを低くするために高速路線バスと高速ツアーバスを統合した「新高速バス」が登場し、需要の流動に応じて柔軟な運賃設定ができるようになる。

この路線もテコ入れが行われ、期間限定ではあるが、なんと正規運賃の半額以下の500円での乗車キャンペーンを始める。イオンモール岡山の開業もあって、一気に火がついたがごとく乗客が増え、休日には乗客の積み残しが常態化するほどに成長。対策として、2台での運行による続行便がつくこともあった。土・日曜・祝日のみの臨時便も設定され、柔軟な再編が早々に行われた。ただ、正規運賃の半額以下の運賃では満席でも儲けはわずかであり、やり繰りは厳しかったに違いない。

そんな運賃割引キャンペーンが功を奏し、路線は岡山〜津山間の格安移動手段として定着したが、延期を続けていたワンコインキャンペーンもついに終了することに。その際、正規の運賃に戻すのではなく、運賃を800円に設定した新たなキャンペーンが始まった。この運賃でももちろん正規運賃よりは安く、JRの運賃よりも安いのだが、どうしても値上げ感は否めず、利用客数は以前よりは落ち着いてきている。

ピークを過ぎた路線の行く末は？

この路線は開業以来3社で共同運行を行ってきたが、2017（平成29）年12月に中鉄北部バスと中国JRバスが撤退して両備バスの単独運行となり、便数も4往復のみに減便となった。これまでの利用状況から、午前中は津山から岡山へ出る利用客が大多数を占めることがわかっていたので、運行ダイヤも従来のものから津山側の利便性を考えたものに改められた。

この状況はこの路線に限ったことではなく、全国の路線バス会社における共通のさし迫った問題だ。苦境に負けず、気軽に高速バス気分を味わえる岡山エクスプレスの躍進に期待したい。

●現在使用されている両備バスの車両

●運行初日、開業式のテープカットの様子。岡山駅西口高速バスターミナルにて

一般路線なのに高速道路を走る？日本一リッチな村をゆく「名港線」

愛知県にある飛島村《とびしま》は人口4000人強、面積20㎢の小さな村だ。飛島公共交通バス「名港線《めいこう》」が運行するこの村は、実は「日本一の財政力の村」。さらに乗り込むのは、ピカピカの高速バス仕様車なのだ。

起点は名古屋港バスターミナル。使用車両は日野自動車のセレガだ。これは100㎞も走る路線にも使われるバリバリの高速バス仕様車だが、目的地はわずか10㎞先の飛島村。乗車時間も30分ほどしかない。当然、座席の高さは一般的な路線バスよりはるかに高く、さらにリクライニングもついており足を伸ばすこともできる。乗車時間わずか30分ほどの路線にしては、豪華すぎる仕様だ。

この路線は、目の前の地下鉄名古屋港駅からの乗り換えの客が多く、メインの客層は通勤客。このバスは通勤路線でもあるのだ。

バスは初めのうちこそ、ガスタンクを右手に見つつ名古屋臨海高速鉄道（あおなみ線）

の高架沿いに進んでゆく。橋を渡ってすぐに右折し、入っていくのはなんとインターチェンジだ。

名港中央インターを通過すると、もうそこは名古屋港を跨ぎ越す橋脚群「名港トリトン」の一翼をなす「名港西大橋」の上。1985(昭和60)年に一般道路として先行開業した名港西大橋は、現在では伊勢湾岸自動車道の一部であり、立派な高速道路だ。

一大工業地帯を高速バス車両が回る?

この路線で高速バス車両が運用されている理由はただひとつ、高速道路を走行するからだ。高速道路を走る場合、乗客は全員着席し、シートベルトを締めなければならない。一般路線バス車両ではシートベルトがなく、立客が発生することがあるため、30分ほどの路線バスにこの豪華な車両が入っているというわけだ。

しかし、高速道路を降りるのは次の飛島IC。時間にすると5分もない。

高速道路を降りると、それまでとはうってかわって、工業地帯の景色が広がる。三菱重工業、三菱自動車工業、トヨタ自動車、中部電力、UCCなどなど、有名企業の工場ばかりだ。

飛島村のこの一画は、日本を支える有数の大工業地帯。このバスはそんな工場や企業への通勤を支える重要な足なのだ。朝のバスは2系統に分かれ、南北に長い埋め立て地をこまめに回って通勤客を降ろしていく。

人口4000人少々の飛島村だが、昼間の滞在人口はなんと1万4000人にものぼる。なかには岐阜県など、ほかの都道府県から通勤してくる人もいるそうだ。

埋め立て地の各地を回ったバスは、北の外れにある駐車場に入ってゆく。公民館分館バス停で飛島バスの転回場でもあり、もうひとつの路線「蟹江《かにえ》線」への乗り継ぎ場所でもある。朝の一部の便を除くと、ほとんどのバスがすぐにここを出て、そのまま名古屋港に折り返してゆく。

❓日本一リッチな村に「高速バス」が走るまで

「名港線」に乗ったなら、もうひとつの「蟹江線」にも乗車しよう。公民館分館から出発してほどなく小さな橋を渡ると、さきほどの工業地帯から一転、水田が増え、道も狭くなり、道沿いの軒先を年季の入ったホーロー看板が飾る、そんな風景が広がる。この周辺が本当の「飛島村（飛島新田）」なのだ。

飛島新田は、もともと村の名前通りに飛び飛びに島があった遠浅が、江戸時代中期に造成された土地。標高は軒並み0m以下であり、1959（昭和34）年の伊勢湾台風では3カ月もの間水が引かず、死者127名を出す大きな被害を被った。さらに当時の基幹産業のひとつだった漁業も、沿岸部の再開発によって立ち退きを余儀なくされた。

だが、その開発でできた埋め立て地に建設されたのが、名港線から見える錚々たる工場群。莫大な固定資産税により村の財政は劇的に改善し、基準財政収入額（収入）÷基準財政需要額（支出）で表される財政力指数は被災後の0・22（北海道夕張市が0・23、全国平均は0・50）から、ズバ抜けて全国1位の2・01まで改善された。現在は「18歳まで医療費無料」「中学生は希望者全員がサンフランシスコに研修」などの施策があるなど、じつに豊かな村なのだ。

高速バス車両で運行している名港線も、運賃500円のうち250円が村の補助で賄われている。そうしてほかの自治体のコミュニティバスでは考えられない乗り心地と、運転頻度を保ち続けているのだ。

●「名港線」で運用されている高速バス車両

●この飛島インターからひと区間だけ高速道路を走行する（写真 :Oka21000 CC BY-SA 4.0）

小説や映画の題材にまでなった！新潟県民に愛される「関越高速バス」

小説家の伊吹有喜《いぶきゆき》が書いた作品のひとつに『ミッドナイト・バス』がある。直木賞候補にも選ばれた作品で、新潟と東京を結ぶ夜行高速バスの運転士をしている主人公の高宮利一と、離婚でばらばらになった家族の再生を描いた物語だ。舞台になっているのは、実は現在も運行されている高速バス路線。西武バスと新潟交通、越後交通が共同運行する「新潟～東京（池袋・新宿）線」、通称「関越高速バス」だ。

運行を開始したのは、1985（昭和60）年12月。3年前の1982（昭和57）年に、上越新幹線の大宮～新潟間が開業して、特急列車はもちろん、割安な急行列車も1985（昭和60）年3月に全廃されたなかでのことだった。

同時に、関越自動車道の新潟・群馬県境にある関越トンネルが開通したことも、運行を後押しした。当時、この距離帯で新幹線と競合する高速バスはあまり例がなく、新潟県側の事業者が首都圏の事業者に共同運行を呼びかけても、「需要が期待できない」と相手にされなかったという。その中で唯一、西武バスが応じ、まずは、昼行便と夜行便各1往復で運行を開始した。当時としては最先端の34人乗り3軸スーパーハイデッカーのバスを導入し、運賃も割安に設定。新潟駅前と、東京の池袋駅東口を5時間30分で結んだ。

映画版ではバス会社が全面的に協力

2004（平成16）年に新潟県中越地震が起こり、上越新幹線が不通になったため、高速バスが重要な足となった。これをきっかけとして、2006（平成18）年には、現在の昼行便毎時1便体制を確立。その後、全便の独立3列シート化や女性専用車の導入（現在は廃止）、時期や時間帯によって変動する運賃の導入、夜行便の新宿延長、さらに、2017（平成29）年には夜行便を2往復に増便するなど、サービスの改善が進められてきた。現在、新潟〜東京間には複数の競合事業者が進出した中においても、関越高速バスは新潟と東京を結ぶ快適で便利、割安な足として、幅広い年代層にすっかり定着した。

冒頭で『ミッドナイト・バス』という小説について触れたが、これが2017（平成29）年1月に映画化され、2018（平成30）年、地元の新潟県を皮切りに全国で上映された。竹下昌男《たけしたまさお》がメガホンをとり、原田泰造が主演を務めたこの映画は、新潟県の地元紙である『新潟日報』の創業140年記念事業として制作された。

主人公が勤めるのは、新潟市近郊にある架空の町「美越（みえつ）市」にある「白鳥交通」という架空のバス会社なのだが、物語では実際の関越高速バスの運行事業者と白鳥交通が共同運行している設定になっている。そんな設定上、ロケの多くは新潟県内で行われており、バスに関係するスポットも数多い。映画自体にも、関越高速を共同運行する3社に加え、新潟県バス協会が協賛しており、関係各社の協力のもと、撮影が行われた。

例えば、営業所でのシーンは、実際に本物の関越高速バスを担当する新潟交通の新潟東部営業所や、西武バスの練馬営業所で撮影している。夜行バスが発車するシーンの撮影は、始発地である新潟市の万代シテイバスセンターで未明に行われ、雰囲気を出すために名物「バスセンターのカレー」で有名になった立ち食いそば店をわざわざ開店させた。

出演者が実際に運転しバス車両も本物！

さらに、バスの走行シーンの撮影は、主演の原田泰造が実際に大型車の免許を取得し、新潟交通の指導運転士による指導を受けながら、ハンドルを握った。新潟市周辺はもとより、関越自動車道の関越トンネルでの走行シーンも本人による運転だ。そして、使用されたバスも劇用車ではなく、新潟交通が実際に使用している車両に「白鳥交通」のラッピングを施したもの。ナンバーもダミーにせず、そのまま（「新潟200か・998」）で撮影したので、関越高速バスなどを利用する際には、運が良ければ撮影に使われた車両に乗れるかもしれない。

鉄道を題材とした小説やドラマ、映画は数多い。しかし、全国でこれだけ高速バスが発達しているなかで、高速バスを題材とした小説や映画は、まだほとんどないだろう。『ミッドナイト・バス』は、作者が執筆前に入念な取材を経て、新潟県の様々な事情を織り込んで書かれた。

ストーリーの根幹に「関越高速バス」が使われたのは、夜行バスそれ自体がもつストーリー性もさることながら、関越高速バスがそれだけ広く定着している乗り物になっているという証拠ではないだろうか。すでに、30年以上の歴史をもち、着実に発展を遂げてきた関越高速バス。あまり同様の路線がない時代から、高速バスの歴史を切り開いてきたこの路線は、今後どのような歴史を創っていくのだろうか。

●撮影に実際に使用された新潟交通の車両。ラッピングは撮影時とは異なる

●映画版ミッドナイト・バスのポスター

1日に片道1便しか停車しない!!
「高速バス停」も千差万別

全国に高速バスが停車するバス停は数あれど、極端に停車便数が少なく、しかも鬱蒼とした山の中、という「秘境バス停」は少ない。高速バス自体がそもそも都市間を結ぶものであり、バス停の数や路線数も一般路線バスと比べて圧倒的に少ないのだ。しかしそんななかでも、「秘境」として知られるバス停は存在する。

この島は人口５０００人強、ちょうど中心部には高速バスストップ（以下ＢＳ）が設置されている。朝7時35分、小高い山に囲まれた「大毛島《おおげじま》ＢＳ」に始発便の徳島行き特急バスが滑り込む。淡路交通が単独で運行している「淡路・徳島線」に乗った際は、ぜひここで降りてみよう。

島にしては険しい山々を高速道路は堀割で抜けている。北側にはうっすらと海が見えるが、視界のほとんどは道路しかないはずだ。バス停ホームのまわりには雑草が青々と茂っており、タイルの目地から吹き出すように膝下まで草が生える。バスポールもずっと設置されておらず、ラミネートされて鉄柵にくくりつけられた時刻表には、「7時35分　徳島駅前」の記載以外ない。なんと、先ほど乗ってきた便が、このBSの始発であり最終なのだ。

発着は下りの1本のみのレアすぎるバス停

このバス停、かつては多くのバスが発着していた。明石海峡大橋が開通していなかった時代、関西からのメインルートは淡路島の津名港までフェリーで渡り、そこから徳島行きのバスに乗り換えるというものだった。そのためこのBSにも1日数便の停車があったのだが、残念ながら、誰もこのBSを使う理由がなかった。

島の人口密集地帯である土佐泊《とさどまり》集落へは、隣の高速鳴門バス停から小鳴門橋を渡ったほうが早い。関西からの高速バス利用者が20年で2・5倍、300万人も増える状況下、駐車場もない大毛島BSより隣の高速鳴門BSの方が、送迎向きで使い勝手がよいのだ。淡路交通のバスも、北側の鳴門北インターで降りて一般道を経由する便が増え、ついに数年前に下り1便のみの停車となり、上りは休止となったうえ、ホーム自体が封鎖されてしまった。

この寂れぶりを尻目に、高速鳴門BSは徳島県北部随一の大規模ターミナルとして、活況を呈している。しかし、こちらにも試行錯誤の歴史があった。

謎の乗り物で高低差を解決したバスストップ

高速鳴門BSは大毛島BSの3km南にあり、実に1日200便以上のバスが停車する。近隣には駐車場・広い待合所等が完備され、目の前の一般路線バスのバス停にもすぐ乗り継げる。しかし、この活況に至る前、大きな問題があった。それは高低差だ。

大毛島から四国に入った高速道路は、地上30m近い高さで山に突っ込む。すぐにトンネルに入ってしまうため、見上げるような場所にしかBSを造れなかった。地上からの接続道は150mほどの距離があり、しかも両側1車線程度しかなく、カーブと勾配で見通しも悪い。そこに客数が激増した結果、送迎車で大渋滞となってしまったのだ。

ここで立ち上がったのが地元・鳴門市。せっかく手に入れた県北の一大ターミナルを逃すまいと、さまざまな反対を押し切ってスロープカーを設置した。ボタンを押して車両を呼び出すというエレベーターのような施設（法律上でもエレベーターに分類される）で、モノレールのような181ｍ・高低差20ｍのレールの上を走り、バス利用者を乗り場の手前まで運んでくれる。もちろん無料だ。

同時に接続道は車両立ち入り禁止となり、混雑は収束した。高速鳴門ＢＳが劇的に便利になったことで、隣の大毛島ＢＳはさらに影が薄くなったというわけだ。

もっとも、今はさらなる客数増の問題が発生している。鳴門にはＪリーグ「ヴォルティス徳島」の本拠地スタジアムがあり、試合開催日には20人乗りのスロープカーだけでは、観戦のサポーターを運び切れない。そのため彼らの移動に、歩行者専用となった接続道が利用されているのだ。

鳴門市内にはほかにもおもしろいバス停がある。鳴門西サービスエリアの中にある鳴門西ＢＳで、関西から香川県に向かうバスが停車する。近隣にはかつて、ドイツ兵が抑留されていた坂東俘虜収容所跡があり、近年では『バルトの楽園』として映画化された舞台だ。観光地化されても然るべきだが、まわりに何もない急峻な山道、そして徒歩道では野生動物やマムシに注意という、なんとも恐ろしい立地だ。

●1日片道1便のみ停車する大毛島BS。雑草が生えっぱなしになっている

●ある程度舗装されているとはいえ、鳴門西BSからは山道が続く

「けんじ」「きときと」「プリンセス」!? 高速バス路線のおもしろ愛称

日本を走る多くの高速バスには、正式な路線名とは別に「愛称」といえる名前が付いている。たとえば、高知県高知市に本社を置く、とさでん交通の安芸《あき》～新大阪の路線。1990（平成2）年運行を開始した路線で、これは公式には「大阪線」とされているが、「よさこい号」という愛称を付けて運行されている。高知県の民謡である「よさこい節」、あるいは有名な「よさこい祭り」からとった名前というのは説明するまでもないだろう。

高速バス路線に愛称を付ける意図は、目的地や出発地を示しただけの路線名だけでは味気ないということと、できるだけ「ご当地感」を出して観光面のプッシュをしていくということがある。利用者としても親しみがわくし、「大阪線」より「よさこい号」のほうが覚えやすいのは間違いないだろう。

また、同社の広島線は「土佐エクスプレス」、宿毛《すくも》線は「しまんとライナー」という愛称が付いている。他社も含め、なぜかほとんどの高速バスの愛称は「○○号」「○○エクスプレス」「〇〇ライナー」の3パターンのうちいずれか。単に慣習的なものなのだが、なかなかおもしろい。

人名、方言……地域性が際立つ愛称

このように、高速バスの愛称には「ご当地っぽさ」を出すのが常套だが、名前を見ただけでは由来がわからず、疑問符が浮かんでしまうような愛称もある。響きが愉快なのは岩手県交通の「けんじライナー」。童話作家・宮沢賢治が由来だ。仙台と岩手の北上・花巻を結ぶバスなのだが、花巻は宮沢賢治の童話にも登場する彼の故郷なのだ。この路線の場合、一見しただけではよくわからないが、由来を聞けば納得できるだろう。

似たようなケースで、「グラバー号」というのがある。長崎自動車と名鉄バスによる共同運行の「長崎~名古屋線」で、幕末に長崎で活躍し、「グラバー商会」を設立した商人であるトーマス・ブレーク・グラバーと、彼の造った邸宅であり世界遺産のグラバー邸が由来。こちらも運行地域に関わりがある由来のため、知っている人ならピンとくるかもしれない。

また、「ご当地感」を出そうとする意図で、方言に走った路線の愛称もある。代表的なのは「よかっぺ号」。関東鉄道と近鉄バスの共同運行で、茨城県の主要都市と京都府、大阪府を結ぶ高速バスだ。「〜っぺ」という東北〜北関東に見られる方言が由来となっている。

方言でいうと、おもしろい響きなのはイルカ交通の「きときとライナー」。富山県に本社を置く会社で、「きときと」とは「新鮮な」「生き生きとした」という意味の富山県の方言だ。イルカ交通は２００８（平成20）年に高速バス事業を開始した会社なので、「新進気鋭の」という意味もこめられているらしい。

ほかにも、地域のイメージを愛称につけたものとしては東京〜山形の「ドリームさくらんぼ号」（特産品）、岡山〜米子・松江・出雲の「ももたろうエクスプレス」（桃太郎伝説の地）、東京〜姫路の「プリンセスロード号」（「姫路」の直訳）など、枚挙にいとまがない。

由来は特になし？　特殊な例も

ここまで挙げたものはすべて特定の路線についている愛称だが、路線や行き先などに関係なく、その会社の高速バス路線すべてにひとつの愛称がつけられている、というのもある。

その代表例が「サラダエクスプレス」。阪神バスが運行する高速路線はすべてこの名前で呼ばれ、その中でさらに路線が分かれている。車体に描かれたいろいろな野菜のイラストは、自社の社員によるデザインだ。ちなみに、なぜ「サラダ」と称したかは、特に深い意味はないそうだ。

日本初の高速バスは、一般には1964（昭和39）年の「名神ハイウェイバス」（名古屋～神戸）とされる。シンプルながら高速バスらしい愛称で、その後1966（昭和41）年の「九州号」（福岡～長崎）や、1969（昭和44）年の「ドリーム号」（東京～大阪、東京～京都）といった路線名につながってゆく。

高速バス路線の名称が「愛称」らしくなってきたのはこの「ドリーム号」からだ。夜行高速バスというイメージからつけられた「ドリーム」という単語は、今では氾濫状態といってもいいほど多くのバス路線で使われている。

「ドリーム号」は以降の高速バスにも影響を与え、こういった夜のイメージを愛称とした路線が後に続いた。代表的なものは阪急バスと西鉄が大阪～福岡間で運行を開始した

◆まだある！　高速バスおもしろ愛称名

ジャンル	愛称	運行事業者	区間
食べ物	みしまコロッケ号	富士急シティバス、京王バス	東京～三島
	マスカット号	関東バス、両備バス	東京～岡山
	ポテトライナー	北海道中央バスほか4社	札幌～帯広
動物	パンダ号	弘南バス	東京～青森
	ペガサス号	西鉄、両備バス、下津井電鉄	福岡～岡山
	うみねこ号	南部バス、十和田観光電鉄	仙台～八戸
神話	スサノオ号	一畑バス、中国ジェイアールバス	東京～出雲
	くにびき号	阪急バス、一畑バス、 中国ジェイアールバス	大阪～出雲
	ももたろうエクスプレス	両備バスほか4社	岡山～出雲
人名	ドリーム政宗号	ジェイアールバス東北	東京～仙台
	SORIN号	近鉄バス、大分交通、大分バス、 亀の井バス	大阪～大分

「ムーンライト号」や、京浜急行と弘南バスが品川～弘前で運行を開始した「ノクターン号」などが挙げられる。それぞれ日本語に訳すと「月光」「夜想曲」だ。いずれも1980年代の開設だが、当初大きな人気を集め、現在でも運行を続けている。

高速バスが誕生した時から現在に至るまで、バスに愛称をつける文化は各社で連綿と続いている。見比べてみると、各社や路線の特徴が見えてくる。

●阪神バスの「サラダエクスプレス」には野菜のイラストが！

●「きときとライナー」にはイルカのイラストと波のラインが描かれている

〈参考文献〉

和佐田貞一『高速バス進化の軌跡』（２０１５）交通新聞社
鈴木文彦『日本のバス年代記』（２００９）グランプリ出版
鈴木文彦『西鉄バス最強経営の秘密』（２００３）中央書院
伊吹有喜『ミッドナイト・バス』（２０１６）文藝春秋
『神姫バス70年史』（１９９８）神姫バス社史編纂委員会
『西日本ジェイアールバス25年史』（２０１３）西日本ジェイアールバス
『国鉄自動車五十年史』（１９８０）日本国有鉄道自動車局
『バス事業五十年史』（１９５７）日本乗合自動車協会
「バスマガジン」（各号）
「高速バス時刻表」（各号）交通新聞社
「日本のバス事業」（各年）日本バス協会
「バス事業の現状について」（各年）日本バス協会
「国土交通白書」（各年）国土交通省
「運輸白書」（各年）運輸省
ほか

〈参考Webサイト〉
バスとりっぷ
夜行バス比較なび
ＧｏＥｕｒｏ
日本バス協会ＨＰ
各バス会社ＨＰ

〈写真・資料提供〉
ジェイアールバス関東／ストラーダフィルムズ／新潟日報社／ＷＩＬＬＥＲ／オージ／おのみちバス／さくら観光／会津バス／海部観光／京成バス／琴平バス／弘南バス／新潟交通／神姫バス／西鉄バス／西日本ジェイアールバス／中国バス／北海道中央バス／本四海峡バス／名古屋市交通局

編　者

風来堂（ふうらいどう）

編集プロダクション。国内外の旅行をはじめ、歴史、サブカルチャーなど、幅広いジャンル&テーマの本やweb記事を制作している。バスや鉄道、航空機など、交通関連のライター・編集者とのつながりも深い。近刊に『サイハテ交通をゆく』『秘境路線バスをゆく1～4』（以上、イカロス出版）『都バスの不思議と謎』『全国 ローカル路線バス』（以上、実業之日本社）など。

http://furaido.net

※本書は書き下ろしオリジナルです

じっぴコンパクト新書　353

JIPPI Compact

全国《ぜんこく》 高速《こうそく》バスの不思議《ふしぎ》と謎《なぞ》

2018年7月10日　初版第一刷発行

編　者……………………風来堂
発行者……………………岩野裕一
発行所……………………株式会社実業之日本社
〒153-0044 東京都目黒区大橋1-5-1　クロスエアタワー8階
【編　集】TEL.03-6809-0452
【販　売】TEL.03-6809-0495
http://www.j-n.co.jp/
印刷・製本…………大日本印刷株式会社

ISBN978-4-408-00913-1（第一BG）